Oliver Bendel

300 Keywords Informationsethik

Grundwissen aus Computer-, Netz- und Neue-Medien-Ethik sowie Maschinenethik

Oliver Bendel
Hochschule für Wirtschaft FHNW
Windisch, Schweiz

ISBN 978-3-658-10566-2 ISBN 978-3-658-10567-9 (eBook)
DOI 10.1007/978-3-658-10567-9

Die Deutsche Nationalbibliothek verzeichnet diese Publikation in der Deutschen Nationalbibliografie; detaillierte bibliografische Daten sind im Internet über http://dnb.d-nb.de abrufbar.

Springer Gabler
© Springer Fachmedien Wiesbaden 2016
Das Werk einschließlich aller seiner Teile ist urheberrechtlich geschützt. Jede Verwertung, die nicht ausdrücklich vom Urheberrechtsgesetz zugelassen ist, bedarf der vorherigen Zustimmung des Verlags. Das gilt insbesondere für Vervielfältigungen, Bearbeitungen, Übersetzungen, Mikroverfilmungen und die Einspeicherung und Verarbeitung in elektronischen Systemen.

Die Wiedergabe von Gebrauchsnamen, Handelsnamen, Warenbezeichnungen usw. in diesem Werk berechtigt auch ohne besondere Kennzeichnung nicht zu der Annahme, dass solche Namen im Sinne der Warenzeichen- und Markenschutz-Gesetzgebung als frei zu betrachten wären und daher von jedermann benutzt werden dürften.

Lektorat: Claudia Hasenbalg

Gedruckt auf säurefreiem und chlorfrei gebleichtem Papier

Springer Gabler ist Teil der Fachverlagsgruppe Springer Science+Business Media.
www.springer-gabler.de

Vorwort

Informatik und Wirtschaftsinformatik sind zwei der erfolgreichsten Disziplinen der letzten 50 Jahre. In ihrem Schatten gedeihen, mehr schlecht als recht, scheinbar exotische Pflänzchen wie Technikfolgenabschätzung (mit einem sehr breiten Fokus, die ganze Technik umfassend) und Informatik und Gesellschaft. Die Informationsethik ist auch mit dabei, und mal scheint sie zu verkümmern, mal aufzublühen. Ihr Begriff funktioniert wie bei „Informationsgesellschaft" und „Informationsmanagement". Es geht um die Information, vor allem aber um deren Verarbeitung, Darstellung bzw. Nutzung durch Informations- und Kommunikationstechnologien, Informationssysteme und mit ihnen verbundene Menschen. Mein Lexikon soll dazu beitragen, die Informationsethik weiterleben zu lassen. Ich bin überzeugt, dass dies am Ende Informatik und Wirtschaftsinformatik hilft. Sie alle gehören zusammen, innerhalb des Biotops der Informationsgesellschaft.

Ein Lexikon zur Ethik, das von einer Person geschrieben wurde? In Zeiten von Web 2.0 und Wikipedia? Und von Fachlexika mit hunderten Autorinnen und Autoren? Sicherlich hat das Nachteile. Es hat aber auch Vorteile. Alles ist aus einem Guss, alles aus einer Schule, wobei natürlich unterschiedliche Perspektiven vermittelt werden können. Die Schule, das ist die philosophische Ethik, der ich mich verpflichtet fühle und die im Buch klar abgegrenzt wird zu anderen Ansätzen. Sehr verbunden bin ich zudem der Informationswissenschaft und der Wirtschaftsinformatik, den Fächern, die ich – nach Philosophie und Literaturwissenschaft – studiert habe.

Neben der Informationsethik (Computer-, Netz- und Neue-Medien-Ethik) ist die Maschinenethik ein Thema. Man kann sie der Informationsethik zuordnen, sie aber auch als Pendant zur Menschenethik sehen. Obwohl ich zur letzteren Variante tendiere, habe ich mich dazu entschlossen, sie

Vorwort

ausführlich zu behandeln. Eine Trennung im Buch wäre künstlich gewesen. Und doch ist sie sinnvoll: Informationsethik ist im Wesentlichen eine Reflexions-, Maschinenethik eine Gestaltungsdisziplin. Während bei der einen der Kopf genügt, samt einem Blick und einem Verständnis für die praktischen Dinge, muss man bei der anderen – ab einem gewissen Punkt – den Schraubenzieher in die Hand nehmen.

„300 Keywords Informationsethik" hat mehrere Quellen und Ursprünge. Seit Jahren verfasse ich Lexika und Glossare und betreibe die Plattformen informationsethik.net und maschinenethik.net. Ich habe daraus Stücke genommen, sie ein- und ausgebaut. Dennoch ist etwas ganz Neues entstanden. In dieser Ausführlichkeit habe ich mich noch nie mit dem Thema beschäftigt, und eine solche Vernetztheit – von jedem Begriff kann man zu einem anderen springen – habe ich bisher nicht erreicht. Ich konzentriere mich auf die Informationsethik im deutschsprachigen Raum, auf ihre Begriffe und Methoden, nicht zuletzt aus Platz- und Zeitgründen. Vielleicht entsteht eines Tages ein viel größeres Werk. Aber ob ich dieses alleine zu stemmen vermag, wage ich zu bezweifeln. Gerne nehme ich Hinweise entgegen und prüfe sie für die nächste Auflage. Zunächst wünsche ich aber vor allem viel Freude beim Stöbern und Lesen.

Oliver Bendel   Zürich, im Oktober 2015

oliver.bendel@gmx.net

Adaptivität

Adaptivität ist die Fähigkeit und Eigenschaft eines Systems, sich an eine veränderte Umwelt bzw. neue Bedingungen und Anforderungen selbst anzupassen. Bei Informations- und Kommunikationstechnologien und Informationssystemen bedeutet Adaptivität u.a. die Möglichkeit der Personalisierung und damit der Orientierung an Aufgaben und Bedürfnissen des Benutzers. Auch die automatische Einstellung auf Netzwerkverbindungen oder Stromquellen fällt unter den Begriff. Lernfähige Bots und Roboter haben ebenfalls Möglichkeiten der Adaptivität und ändern beispielsweise ihr Aussehen oder Verhalten je nach Handlungen und Äußerungen ihres menschlichen Gegenübers. Maschinen- und Roboterethik befassen sich als Gestaltungsdisziplinen mit der Adaptivität von (teil-)autonomen Systemen.

Agent

Agenten sind Computerprogramme, die bei Anforderungen und Aufgaben assistieren und dabei autonom und zielorientiert agieren sowie eine gewisse Intelligenz aufweisen. Sie werden für das Sammeln und Auswerten von Daten und Informationen, in der Verwaltung von Netzwerken und für Benutzerschnittstellen benötigt. In manchen Umgebungen sind sie anthropomorph umgesetzt, wie in der Kombination mit Avataren bzw. in der Form von Chatbots (die in der Regel aber bloße angepasste Volltextsuchmaschinen sind), sodass sie wie Menschen aussehen und sprechen. Für die Maschinenethik ergeben sich in diesen Fällen besondere Fragestellungen, insofern die Agenten damit auch die Unwahrheit sagen, jemanden in seiner Würde verletzen und in einer Notsituation als Gesprächspartner scheitern können.

Akkreditierung

Von Akkreditierung spricht man, wenn eine Person oder eine Einrichtung entweder – wie ein Journalist oder eine Diplomatin – zu einem bestimmten Anlass offiziell zugelassen oder hinsichtlich eines geregelten Verfahrens (z.B. einer Zertifizierung) anerkannt wird. Gegenstand der Akkreditierung ist die Bescheinigung der Kompetenz, bestimmte Tätigkeiten ausüben oder bestimmte Prüfungen und Prozeduren durchführen zu können.

Mit der Bologna-Reform und der Einführung von Bachelor- und Masterabschlüssen im deutschsprachigen Raum kam der Begriff der Akkreditierung im Bereich der Hochschulausbildung auf. Hier ist die Aufgabe, die Qualität der Studiengänge – beispielsweise im Bereich der Ethik – im nationalen Rahmen und nach internationalen Maßstäben zu sichern. Die Akkreditierung soll feststellen, ob ein Studiengang in fachlich-inhaltlicher Hinsicht und bezüglich seiner Berufsrelevanz bestimmten Mindestanforderungen entspricht. Auch ganze Hochschulen können sich akkreditieren lassen, etwa von der Association to Advance Collegiate Schools of Business (AACSB).

Akteur-Netzwerk-Theorie

Die Akteur-Netzwerk-Theorie (engl. „actor-network theory") wendet sich gegen vorbestimmte Dichotomien wie Subjekt und Objekt bzw. deren konventionelle Zuordnung. Stattdessen werden vielfältige Entitäten zugelassen und ihre sich verändernden, in einem Netzwerk sich entwickelnden Beziehungen betrachtet. Nicht nur Menschen können handeln bzw. etwas beeinflussen, als Akteure, sondern auch Dinge (Nichtmenschen, engl. „non-humans"), als sogenannte Aktanten. Die Theorie ist für die Maschinenethik von Bedeutung, u.a. mit Blick auf Haftungsfragen und Wirtschaftszusammenhänge.

Akzeptanz

Akzeptanz ist die Bereitschaft, einen Sachverhalt wohlwollend hinzunehmen. Neben der zeitpunktbezogenen Akzeptanz interessiert die Veränderung der Akzeptanz im Laufe der Zeit durch Erfahrung und Lernen oder eine Änderung der (Ausgangs-)Situation. Eine Möglichkeit, Akzeptanz zu schaffen, ist die Etablierung von Anreizsystemen. In der Robotik und der Agentenforschung wird die Akzeptanz gegenüber Handlungen und Emotionen von Maschinen untersucht. Dabei muss der Uncanny-Valley-Effekt beachtet werden.

Algorithmenethik

Die Algorithmenethik wird teilweise als Gebiet der Maschinenethik verstanden, teilweise eher auf Suchmaschinen, Vorschlagslisten, Robo-Content sowie Big Data bezogen. Der Begriff impliziert entweder, dass man den Algorithmen eine Form von Moral beibringen soll, oder dass sie Auswirkungen auf das Wohl des Menschen haben und damit eine Frage der Moral sind, die von der Algorithmenethik zu beantworten ist. Zuweilen ist nicht die Ethik, sondern die Moral gemeint, die mit den Algorithmen zu gewährleisten wäre, ohne dass es eine zuständige Disziplin bräuchte.

Altruismus

Altruismus ist eine Form des (zumindest vordergründig) uneigennützigen, selbstlosen Handelns. Man opfert Zeit, Geld oder Hab und Gut, um anderen zu helfen. Scheinbar sind die Kosten dabei höher als der Nutzen; im Einzelfall mag aber der moralische Gewinn ausreichend sein, oder man zieht eine gewisse Befriedigung aus der Tat, sodass einem auch Egoismus im Altruismus unterstellt werden kann. Dass ein Benutzer einem anderen hilft, kann auf den (Hang zum) Altruismus zurückzuführen sein, aber auch auf die (Sehnsucht nach) Reputation. Die Informationsethik untersucht die moralische Seite des Altruismus, soweit sich diese im virtuellen Raum zeigt.

Android

Ein Android (oder Androide) ist eine menschengleiche bzw. -ähnliche Maschine respektive ein künstlicher Mensch. Ein weiblicher Android wird zuweilen auch als Gynoid (oder Gynoide) bezeichnet. Wenn etwas humanoid oder anthropomorph ist, ist es von menschlicher Gestalt bzw. menschenähnlich, was auch Verhalten, Mimik, Gestik und Sprache mit einschließen kann. Damit humanoide Roboter oder anthropomorphe Agenten als Androiden gelten können, müssen sie Menschen zum Verwechseln ähnlich sein. Auch die Jaquet-Droz-Automaten aus dem 18. Jahrhundert werden als Androiden angesehen. Ein Fembot ist ein weiblicher Chatbot oder Roboter und unter bestimmten Voraussetzungen ein Gynoid. In der Maschinenethik sind bei Androiden z.B. die natürlichsprachlichen sowie die mimischen und gestischen Fähigkeiten von Relevanz.

Animation

Eine Animation ist eine computergestützte Technik, mit der bewegte Bilder generiert werden, indem schnell von einem stehenden Bild auf das nächste umgeschaltet wird (bzw. das Ergebnis selbst). Es kann sich um einfache Sequenzen wie das Augenzwinkern einer Comicfigur, aber auch um komplexe Elemente Virtueller Realität wie die wirklichkeitsgetreue Visualisierung von Produktionsprozessen in einer Fabrik oder der Verhaltensweisen der Dinosaurier in der Frühzeit handeln. Die Animated GIFs, bereits in den 1990er-Jahren im Web beliebt, haben in den 2010er-Jahren eine Renaissance erlebt und sind zur Kunstform geworden. In der Robotik muss u.a. auf den Uncanny-Valley-Effekt geachtet werden.

Anonymität

Anonymität ist die Möglichkeit oder der Wunsch einer Person, unerkannt zu bleiben. Im virtuellen Raum wird sie durch ein Pseudonym (einen Nickname oder eine Abkürzung) und durch Anonymisierungsdienste bzw. -software unterstützt. Als ein Vorteil des anonymen Auftretens wird die potenzielle Gleichbehandlung gesehen. Ein Nachteil ist die schwierige Nachverfolgbarkeit bei moralisch oder rechtlich bedenklichen Beiträgen. Ein Vorschlag aus der normativen Informationsethik ist das „Gleichgewicht der Namen".

Anreizsystem

Unter einem Anreizsystem versteht man die Setzung von unterschiedlichen Maßnahmen durch Vorgesetzte bzw. Verantwortliche, um Personen für eine Aufgabe zu gewinnen, Motivation herzustellen oder zu steigern und im besten Falle Akzeptanz zu erzielen. Zum System gehören monetäre (Geldleistungen), nichtmonetäre (Urlaub, Selbstverwirklichung, Wettbewerbe, Tests, Reputation, Verantwortung) oder Karriereanreize (Erreichen einer weiteren Stufe, Beförderung). Unterschieden werden kann auch zwischen materiellen und nichtmateriellen Faktoren. Ein entsprechendes System kann im Ethikmanagement eingesetzt werden. Eine Moral, die von Belohnungen bzw. Bestrafungen abhängt, wie im religiösen Kontext, gilt allgemein als schwach; allerdings ist das Ziel von Ethikmanagement nicht zwangsläufig der gute, aus intrinsischer Motivation heraus richtig handelnde Mitarbeiter.

Anthropozentrismus

Bei einer anthropozentrischen Haltung sieht man den Menschen im Mittelpunkt, bei einer biozentrischen die Lebewesen überhaupt. Ein anthropozentrisches Denken neigt dazu, die Interessen von Tieren zu übersehen (Speziesismus), aber auch die Möglichkeiten von Maschinen, einschließlich der Moral. Als Kohlenstoff-Wasserstoff-Chauvinismus bezeichnet ein Bioroboter in dem Buch „Der Ego-Tunnel" (2010) von Thomas Metzinger diese Form des Anthropozentrismus. In der Maschinenethik, verstanden als Pendant zur Menschenethik, versucht man sich von einem solchen Denken zu lösen, ohne in eine technozentrische Haltung zu verfallen.

Archiv

In einem Archiv werden Dokumente und Gegenstände dauerhaft aufbewahrt. Viele Städte haben eine solche Einrichtung als historisches Gedächtnis für lokale Ereignisse und Größen aufgebaut, zuweilen angegliedert an die Bibliothek. Neben dem Aufbewahren umfasst das

Archivieren das Sammeln, Erfassen und Bereitstellen. Ein elektronisches Archiv ist eine Datenbank oder ein vergleichbares System, wo Dokumente und Dateien elektronisch erfasst, gespeichert, indiziert, bereitgestellt und langfristig gesichert werden. Die eingesetzten Lösungen gehören häufig zu Content-Management-Systemen (CMS). Neben typischen Wissensprodukten wie Artikeln können Diskussionen aus einem Forum, Gespräche aus einem Chat oder Beiträge aus einem Blog enthalten sein. Auch Websites können archiviert werden; so gibt es Projekte, die die Archivierung von Teilen des Internets zum Ziel haben, wie das Internet Archive (archive.org). Ein dabei auftretendes Problem ist der Bruch des Urheberrechts und des Rechts am eigenen Bild.

Assistent

Technisch verstanden, ist ein Assistent eine Maschine bzw. Software, die Personen bei Anforderungen und Problemen unterstützt. Das Spektrum reicht von Telefonassistenten, die Anfragen und Aufträge entgegennehmen, über Navigationsassistenten, die Autofahrerinnen oder Webbenutzer zum gewünschten Ziel bringen, bis hin zu Agenten, die in virtuellen Umgebungen Suchaufträge durchführen oder als intelligente Hilfefunktion zur Seite stehen.

Audio

„Audio" (lat. „audire": „hören") bedeutet, dass Töne und Geräusche vorhanden sind und etwas akustisch wahrgenommen wird. Beispiele für Anwendungen im Bereich der Information und Kommunikation sind Telefon und Radio. Man kann sich zwar über das Telefon anschweigen und über das Radio Stille übertragen, aber das sind Extreme, wie sie im auditiven Bereich zwangsläufig vorkommen.

Oft wird Audio dazu benutzt, Gleichzeitigkeit mit anderen Vorgängen herzustellen. So wie viele Menschen parallel Radio hören und arbeiten können, sind Töne auch in anderen Kontexten geduldete oder erwünschte

Begleiter. Genauso können Geräusche aber auch stören; nicht jeder mag es, wenn Aktionen auf dem Computer und das Eintreffen von E-Mails klanglich umgesetzt werden. Vor diesem Hintergrund erlauben die meisten Systeme eine Wahl zwischen mehreren Einstellungen.

Benutzer laden aus dem Internet über Tauschbörsen oder kommerzielle Plattformen Musikstücke und ganze Sammlungen in Form von Audiodateien herunter, legal oder illegal. Häufig werden die Daten auch über Streaming – bei dem zugleich empfangen und wiedergegeben wird – zur Verfügung gestellt. Für Webradios, Liveübertragungen und Audiokonferenzen ist Audio elementar.

Immer mehr auditive Systeme wandern in Wohn- und Arbeitsbereiche und können zur Überwachung genutzt werden, darunter mit Mikrofonen versehene Lautsprechersäulen, intelligente Fernseher und intelligentes Spielzeug. Auch der öffentliche Raum wird in dieser Hinsicht immer mehr eingeschränkt.

Augmented Reality

Augmented Reality ist die mit Hilfe von Computern erweiterte Wirklichkeit. Es handelt sich häufig um eine spezielle Form von Mashups. Grundlage sind Bilder der Außenwelt, die über Smartphones und Datenbrillen angezeigt und in die Texte und Bilder eingeblendet werden. Eine Option ist, dass man um Personen herum eine „Datenwolke" sieht, die u.a. aus sozialen Medien gespeist wird. Mashups dieser Art können die informationelle Autonomie und das Persönlichkeitsrecht verletzen und sind damit auch ein Thema der Informationsethik. Augmented Reality kann aber auch zur persönlichen Autonomie beitragen und z.B. Behinderten helfen.

Autonomie

Der Begriff der Autonomie hat viele Facetten. In der Philosophie wurde er u.a. von Immanuel Kant geprägt. In der Informationsethik interessiert, ausgehend von der Idee der Autonomie, vor allem die informationelle

Autonomie, also die Möglichkeit, selbstständig auf Informationen zuzugreifen, über die Verbreitung von eigenen Äußerungen und Abbildungen selbst zu bestimmen sowie die Daten zur eigenen Person einzusehen und gegebenenfalls anzupassen. Ausgehend von der verwandten Idee der Freiheit ist die Freiheit des Individuums in der Informationsgesellschaft angesprochen, womit auch die Selbstentfaltung sozialer, technischer und wirtschaftlicher Art gemeint ist. Es geht ferner um das autonome Handeln gegenüber Maschinen und gegenüber IT-Unternehmen bzw. ihren Technologien und Systemen – und um autonome Systeme, die Subjekte der Moral und damit (Untersuchungs-)Objekte der Maschinenethik sein können.

Avatar

Der Begriff „Avatar" stammt aus dem Sanskrit und bezeichnet dort die Gestalt, in der sich ein (hinduistischer) Gott auf der Erde bewegt. Im Computerbereich hat sich der Begriff durchgesetzt für grafisch, zwei- oder dreidimensional realisierte virtuelle Repräsentationen von realen Personen oder Figuren.

Avatare finden zum einen Verwendung in kollaborativ genutzten virtuellen Räumen wie Chats, Spielwelten, webbasierten Lern- und Arbeitsumgebungen und kommerziellen 3D-Anwendungen (Virtual Reality). Sie fungieren dort als sichtbare und teils auch steuer- und manipulierbare Stellvertreter eines Benutzers. Avatare dieser Art können ein menschliches Aussehen haben, aber auch jede beliebige andere Gestalt und Form. Als Stellvertreter realer Personen haben sie kaum autonome Züge.

Avatare können zum anderen eine beliebige Figur mit bestimmten Funktionen repräsentieren. Solche Avatare treten – beispielsweise als Kundenberater (Chatbots oder Chatterbots) und Nachrichtensprecher – im Internet auf oder bevölkern als Spielpartner und -gegner die Abenteuerwelten von Handy- und Computergames. Sie haben häufig ein anthropomorphes Äußeres und, kombiniert mit Agenten, eigenständige Verhaltensweisen oder sogar regelrechte Charaktere.

B

Barrierefreiheit

Der Begriff der Barrierefreiheit meint die Gestaltung von Bauwerken, Maschinen aller Art und Benutzeroberflächen in der Weise, dass sie von Menschen mit Behinderung ohne oder mit lediglich geringer Einschränkung genutzt werden können. Eine Website, die einschlägige Anforderungen nicht erfüllt, trägt zum digitalen Graben bei, ebenso ein Industrieroboter, der sich in Arbeitszellen nicht auf unterschiedliche Fähigkeiten und Gegebenheiten einstellen kann, also als adaptives System versagt. Nicht alle Anbieter sind in der Lage, den Anforderungen zu genügen, sei es aus finanziellen, sei es aus fachlichen Gründen.

Benutzer

Im Kontext von neuen Medien sind Benutzer – auch Nutzer oder User genannt – Anwender von Informations- und Kommunikationstechnologien und Informationssystemen. Sie nutzen und benutzen die Technologien z.B. zur Information, Kommunikation, Interaktion und Transaktion. Von daher müssen sie über ein gewisses Maß an Informations- und Medienkompetenz verfügen. Der Benutzer ist das Subjekt und Objekt der Moral der Informationsgesellschaft, des Gegenstands der Informationsethik. Die Benutzerschnittstelle verbindet ihn mit der Maschine, die ebenfalls zum Subjekt der Moral werden kann, was Thema der Maschinenethik ist.

Benutzerfreundlichkeit

Unter der Benutzerfreundlichkeit (Usability) werden im Allgemeinen die Zweckmäßigkeit und die Benutzbarkeit eines Systems verstanden. Die Zweckmäßigkeit umfasst dabei alle Funktionen, die für die angemessene Erfüllung einer Aufgabe benötigt werden. Zur Benutzbarkeit zählen Eigenschaften wie leichte Erlernbarkeit, effektive Bedienbarkeit, niedrige Fehlerquote, genügende Konsistenz oder zielgruppengerechte Gestaltung.

Ein benutzerfreundliches System soll einfach und intuitiv zu bedienen sein, um ein bestimmtes Ziel effektiv und effizient zu erreichen.

Bei multimedialen Anwendungen sind auch Navigation und Bildschirmgestaltung sowie die Beschränkung auf gebräuchliche Technologien und Standardschriftarten und -farben wesentliche Aspekte der Benutzerfreundlichkeit. Die grafische Benutzeroberfläche soll sich mehr oder weniger intuitiv erschließen. Möglich ist dabei die Verwendung von Metaphern auf Mikro- (wie die Schere und der Pinsel bei Textverarbeitungs- und Fotobearbeitungsprogrammen) und auf Makroebene (wie das Blatt Papier und die Schreibtischplatte, engl. „desktop", bei Textverarbeitungsprogrammen und Betriebssystemen). Bei bestimmten Industrie- und Servicerobotern werden soziale Fähigkeiten im weitesten Sinne erwartet. Zu beachten sind generell Vorschriften zur Barrierefreiheit.

Benutzerschnittstelle

Eine Benutzerschnittstelle schafft mit Hilfe von Hardware- oder Softwarekomponenten die für die Interaktion und Kommunikation zwischen Mensch und Computer notwendige Verbindung. Beispiele sind Maus, Tastatur, Touchscreen, Headset, Datenhelm und -brille oder Bildschirm, aber auch die grafische Benutzeroberfläche und Teile der verwendeten Betriebssysteme und Programme.

Seit der Jahrtausendwende gibt es verstärkt Versuche, bestehende Lösungen substanziell zu verbessern oder gänzlich neue Schnittstellen zu entwickeln. Ein Ansatz ist die Projektion; beispielsweise wird der Bildschirminhalt auf eine Fläche projiziert, sodass der Bildschirm überflüssig wird, oder eine Tastatur aus Licht auf den Schreibtisch, das physisch vorhandene Gerät substituierend. Immer wichtiger wird auch die Steuerung durch Bewegungen und Gesten.

Ein anderer Ansatz sind anthropomorphe Agenten, menschenähnliche, intelligente virtuelle Wesen mit der Fähigkeit zu natürlichsprachlicher Kommunikation. Agenten dieser Art verstehen bzw. deuten geschriebene oder gesprochene Sätze des Benutzers sowie bei entsprechender Sensorik auch Verhaltensweisen und antworten mittels Text oder gesprochener Sprache sowie Mimik und Gestik. Ein wichtiger Treiber der Transformation von Schnittstellen ist die Mobilität und die damit einhergehende Notwendigkeit handlicher Geräte.

Bereichsethik

Eine Bereichsethik (auch Spezialethik genannt) ist eine Ausprägung der angewandten Ethik und bezieht sich auf einen klar abgrenzbaren Lebens- und Handlungsbereich. Beispiele sind Medizinethik, Bioethik, Umweltethik, Militärethik, Technikethik, Informationsethik, Medienethik, Wissenschaftsethik, Wirtschaftsethik, Politikethik und Rechtsethik. Auch Lebenszeiten und -situationen können Kategorien sein, wenn man an Alters- und Sterbeethik denkt. Der ebenfalls kursierende Begriff der Bindestrichethiken ist irreführend, da die erwähnten Komposita üblicherweise ohne Bindestrich geschrieben werden. Jede Bereichsethik muss sich heute mit der Informationsethik verständigen. Dieser Umstand wird im sogenannten Ethik-Ei visualisiert.

Bibliothek

Die Bibliothek (lat. „bibliotheca": „Büchergestell"), ob öffentliche oder wissenschaftliche, ist ein Ort des Wissens und der Bildung sowie der Unterhaltung. Gedruckte Bücher und Zeitschriften, Musik- und Videokassetten sowie digitale Medien können von Bürgerinnen und Bürgern oder speziell Befugten wie Forschenden, Studierenden oder Mitarbeitenden ausgeliehen, zumindest aber eingesehen bzw. aufgerufen werden. Wissen wird erworben, bewahrt, bereitgestellt und vermittelt; es wird von Bibliothekarinnen und Bibliothekaren erschlossen, indem sie Bücher und Filme nach festen Regeln katalogisieren (auch verschlagworten) und aufstellen.

Die Bibliothek enthält ohne Zweifel auch Medien mit veraltetem oder überholtem Wissen. Sie orientiert sich also nicht ausschließlich am

Bibliothek

Wahrheitsgehalt und am Aktualitätsgrad, sondern interessiert sich ebenso für die Entwicklungsgeschichte. Sie kommt ihrem Archivierungsauftrag nach bzw. beherbergt oder unterstützt spezielle Archive. Das gesamte Wissen der Welt hat bereits die Bibliothek von Alexandria nicht enthalten können, und auch die privatwirtschaftlichen Digitalisierungsprojekte der Gegenwart können das Wissen weder vollständig erfassen noch abschließend sichern. Zudem ergeben sich potenziell Brüche des Urheberrechts.

Mehr und mehr muss sich die Bibliothek damit auseinandersetzen, dass Medien und Werke nicht unbedingt zusammenfallen, dass es bei modernen Literaturprojekten und überhaupt im elektronischen Publizieren zahlreiche Fassungen sowie Autorenkollektive und -communities geben kann. Sie wendet sich Enriched Books zu, hybriden Publikationsformen mit 1D- und 2D-Codes und herausnehmbaren Einlagen, und Enriched bzw. Enhanced E-Books mit Fotos, Videos, Booktracks, Links und Kommentaren. Sie befasst sich zudem mit Handyromanen und Weblogs. Grundsätzlich muss sie sich der Tatsache stellen, dass viele Studierende, Wissenschaftler und Journalisten schon aus Effizienz- und Effektivitätsgründen das Virtuelle bevorzugen.

Moderne Bibliotheken haben entsprechend bereits vor Jahrzehnten Onlinekataloge umgesetzt und halten seit Jahren digitale Informationen und Medien wie E-Books vor, über Fachdatenbanken und digitale Bibliotheken, wobei unterschiedliche Nutzungsarten bestehen und Digital Rights Management und Lizenzmodelle aller Art eine Rolle spielen. Sie schaffen hybride Präsentations- und Nutzungsformen wie das Hybrid Bookshelf, auch mit Hilfe von QR-Codes und Hotspots für mobile Geräte. Und sie locken Benutzer an mit ihren Räumen, die Kontemplation und Konzentration ermöglichen – und wo sich Wissensdurstige und Bildungshungrige kennenlernen.

Die Informationsethik interessiert sich im Kontext der Bibliothek dafür, wie man in der Auswahl von Medien sowohl Vielfalt als auch

Ausgewogenheit sicherstellen sowie Informationen und Wissen bewahren und verbreiten kann, unter Beachtung von Informationsfreiheit und -gerechtigkeit. Sie fragt nach Autorenschaft sowie Original und Fälschung und arbeitet mit an Angeboten zur Medien- und Informationskompetenz. Sie erforscht die Überwachung des Benutzers digitaler Kataloge und des Lesers elektronischer Bücher. Ihr Blick richtet sich nicht zuletzt auf die Stellung und die Bedeutung der Bibliothek in einer Welt, in der wir neue Kulturtechniken erlernen und alte verlernen, in der sich nicht nur die Medien rasant verändern, sondern auch die Produzenten und Konsumenten.

Big Brother

Der Big Brother ist, nach dem Roman „1984" (fertiggestellt 1948, erschienen 1949) von George Orwell, die Verkörperung des Überwachungsstaats. Der Begriff wird heute vor allem im Zusammenhang mit digitaler Überwachung gebraucht. Varianten sind die „Big Sister", die auf die Verantwortung beider Geschlechter in Politik und Wirtschaft hinweist, der „Little Brother", der auf die Überwachung durch die Benutzer zielt, und die „Little Sister", die die Verwendung von Social Networks als Datenschleudern und Stalkinginstrumente durch Jugendliche meint. Mit diesen Verwendungen werden auch Verbindungen zu Aldous Huxleys Roman „Schöne neue Welt" („Brave New World" von 1932) hergestellt, wo die gegenseitige Observation eindringlich beschrieben wird. Der aufgeklärte Benutzer tritt in digitalem Ungehorsam dem großen Bruder genauso entgegen wie der großen Schwester, und er versucht den jüngeren Geschwistern die Folgen ihres Tuns vor Augen zu führen, nicht zuletzt indem er verständliche und anwendbare Informationsethik treibt.

Big Data

Mit „Big Data" werden große Mengen an Daten bezeichnet, die u.a. aus Bereichen wie Internet und Mobilfunk, Finanzindustrie, Energiewirtschaft, Gesundheitswesen und Verkehr und aus Quellen wie intelligenten

Agenten, sozialen Medien, Kredit- und Kundenkarten, Smart-Metering-Systemen, Assistenzgeräten, Überwachungskameras sowie Flug- und Fahrzeugen stammen und die mit speziellen Lösungen gespeichert, verarbeitet und ausgewertet werden. Es geht um Rasterfahndung, (Inter-)Dependenzanalyse, Umfeld- und Trendforschung sowie System- und Produktionssteuerung. Wie im Data Mining ist Wissensentdeckung ein Anliegen. Das weltweite Datenvolumen ist derart angeschwollen, dass bis dato nicht gekannte Möglichkeiten eröffnet werden. Auch die Vernetzung von Datenquellen führt zu neuartigen Nutzungen, zudem zu Risiken für Benutzer und Organisationen. Wichtige Begriffe in diesem Kontext sind „cyber-physische Systeme" und „Internet der Dinge", relevante Ansätze angepasste Datenbankkonzepte, Cloud Computing und Smart Grid.

Die Wirtschaft verspricht sich neue Einblicke in Interessenten und Kunden, ihr Risikopotenzial und ihr Kaufverhalten, und generiert personenbezogene Profile (hinter denen ebenso Phänomene wie Small Data stehen können). Sie versucht die Produktion zu optimieren und zu flexibilisieren (Industrie 4.0) und Innovationen durch Vorausberechnungen besser in die Märkte zu bringen. Die Wissenschaft untersucht den Klimawandel und das Entstehen von Erdbeben und Epidemien sowie (Massen-)Phänomene wie Shitstorms, Bevölkerungswanderungen und Verkehrsstaus. Sie simuliert mit Hilfe von Superrechnern sowohl Atombombenabwürfe als auch Meteoritenflüge und -einschläge. Behörden und Geheimdienste spüren in enormen Datenmengen solche Abweichungen und Auffälligkeiten auf, die Kriminelle und Terroristen verraten können, und solche Ähnlichkeiten, die Gruppierungen und Eingrenzungen erlauben.

Big Data ist eine Herausforderung für den Datenschutz und das Persönlichkeitsrecht. Oft liegt vom Betroffenen kein Einverständnis für die Verwendung der Daten vor, und häufig kann er identifiziert und kontrolliert werden. Die Verknüpfung von an sich unproblematischen Informationen kann zu problematischen Erkenntnissen führen, sodass man plötzlich zum Kreis der Verdächtigen gehört, und die Statistik kann einen als kreditunwürdig und risikobehaftet erscheinen lassen, weil man im falschen Stadtviertel wohnt, bestimmte Fortbewegungsmittel benutzt und gewisse Bücher liest. Die Informationsethik fragt nach den moralischen Implikationen von Big Data, in Bezug auf digitale Bevormundung (Big Data als Big Brother), informationelle Autonomie und Informationsgerechtigkeit. Gefordert sind ferner Wirtschaftsethik und Rechtsethik. Mit Hilfe von Datenschutzgesetzen und -einrichtungen kann man ein Stück weit Auswüchse verhindern und Verbraucherschutz sicherstellen.

Biometrische Verfahren

Bei biometrischen Verfahren werden biologische bzw. körperliche Merkmale einbezogen. Heutzutage steht die automatisierte Erkennung in einem digitalisierten Umfeld im Vordergrund. So kann man mit einem Scan der Fingerkuppe oder der Regenbogenhaut die Tür des Zimmers oder des Tresors öffnen. Ebenso kann man die Identität einer Person feststellen. Die Informationsethik fragt danach, ob die Methoden sicher sind oder die informationelle Autonomie gefährden.

Blocken

Blocken oder Blockieren ist das Zurückhalten oder Verhindern von unerwünschten Informationen. Auch Personen kann man blocken und so z.B. in Microblogs daran hindern, dass sie einem folgen. Rainer Kuhlen unterscheidet zwischen passivem (andere entscheiden, was zurückgehalten wird) und aktivem (man entscheidet selbst, was man verhindert) Blocken. Jede Form kann händisch oder automatisch – über entsprechende Blockingsoftware – umgesetzt werden. Filtern kann individueller sein als Blocken.

Böse, das

Das Böse ist das Schlechte in moralischer Hinsicht. Das Gute und das Böse sind nach Annemarie Pieper in ursprünglicher Bedeutung Qualitäten eines sich selbst (zur Freiheit bzw. zur Unfreiheit) bestimmenden Willens. Eine Handlung sei nicht an sich gut oder böse (bzw. schlecht), sondern in Bezug auf den Willen, aus dem sie hervorgegangen ist.

Booktrack

Seit den 2010er-Jahren verbreiten sich Soundtracks für elektronische Bücher. Der englische Begriff zielte ursprünglich auf die gesamte Vertonung von filmischen Werken. Heute wird er mehr oder weniger gleichgesetzt mit der Filmmusik; diese hat also eine Schwester, die Buchmusik, bekommen. Die Booktracks (die durchaus Effekte wie Möwengekreische und Meeresrauschen enthalten können) werden beim Lesen abgespielt; über eine Fortschrittsanzeige, z.B. in Form eines Pfeils, sieht man, welche Stelle im Text die Musik bzw. das Geräusch gerade untermalt. Die Anzeige lässt sich ausblenden, und tatsächlich kann man sich von dem Pfeil verfolgt fühlen, auch wenn er nicht auf einen selbst gerichtet ist.

Buddy List

Eine Buddy List ist ein Verzeichnis mit registrierten „Kumpels" (engl. „buddies"), Freunden und Kontakten bei Internetdiensten und Kommunikationswerkzeugen wie Instant Messengers, Chats und Virtuellen Klassenzimmern. Bei einer Anmeldung bzw. beim Einloggen wird vom System ermittelt, ob die Personen online oder aktiv sind. Eine Bereitschaftsanzeige listet die gefundenen Benutzer und etwaige Zusatzinformationen zur Verfügbarkeit oder Interessenlage auf. Buddy Lists unterstützen demnach die Bildung von Communities und helfen bei der Regulierung und Optimierung der Kommunikation.

Buridans Robot

Buridans Esel ist, in der ursprünglichen Version von Aristoteles, ein Mann, der zwischen Speis und Trank verenden muss, weil er genauso hungrig wie durstig ist. Johannes Buridan selbst, der zu Unrecht als Urheber des

Gleichnisses gilt, spricht von einem Wanderer und einem Segler, in einem Kommentar zu einem Text von Aristoteles auch von einem Hund, der ratlos zwischen zwei Nahrungsquellen sitzt oder steht. Den Esel, der zwischen zwei Heubündeln erstarrt, haben vermutlich seine Gegner erfunden, um die vermeintliche Eselei zu veranschaulichen. Eine weitere Variante stammt von dem persischen Philosophen Al-Ghazālī.

Man kann das Gleichnis ins Informationszeitalter übertragen und von „Buridans Robot" (2013) sprechen. Zu diskutieren ist, wie eine autonome Maschine entscheidungsfähig bleibt, wenn gleichartige Reize auf sie einwirken, etwa wenn zwei Kunden mit ihren Anliegen gleichzeitig auf einen Serviceroboter zutreten oder wenn die Kampfdrohne einen Terroristen eliminieren muss und dieser gleichzeitig mit seinem Zwillingsbruder erscheint.

_____C

Candystorm

Mit dem Candystorm geht eine Welle des Zuspruchs im virtuellen Raum einher, z.B. in sozialen Netzwerken, Microblogs und Blogs sowie Kommentarbereichen von Onlinezeitungen und -zeitschriften. Er wird evoziert durch den Moralismus der Informationsgesellschaft und die Empathie und Euphorie der Netzbürgerinnen und -bürger. Personen oder Organisationen werden mit Worten des Zuspruchs und Begriffen wie „Flausch" bedacht. Das Gegenteil ist der Shitstorm.

Chaos Computer Club

Der Chaos Computer Club (CCC) ist nach eigener Darstellung die größte europäische Hackervereinigung. Er will im Spannungsfeld von technischen und sozialen Entwicklungen vermitteln. Vom CCC stammen Weiterentwicklungen der sogenannten Hackerethik, die eigentlich eine Hackermoral und -anleitung ist.

Chat

Ein Chat oder Chatroom ist ein Raum für die textbasierte, synchrone Kommunikation über ein Computernetz bzw. der entsprechende „Schwatz" (engl. „chat") selbst. Ende der 1980er-Jahre wurde die technische Urform erfunden, der Internet Relay Chat (IRC). Die Benutzer kommunizieren, indem sie kurze Nachrichten in ein Textfeld eintippen und zugleich die Unterhaltungen in einem Bildschirmfenster verfolgen. Meist sind auch private Dialoge in sogenannten Dias möglich.

Nach der Chatiquette sollen Textnachrichten keine Benutzer verletzen und keine unerlaubten Handlungen verlangen. Die Nicknames dürfen nicht anstößig sein. Für die Einhaltung der Sonderform der Netiquette sorgen Moderatoren und Chatbots. Die Benutzer können ihre Virtualität und Anonymität kreativ gebrauchen, aber auch moralisch oder rechtlich missbrauchen. Die Informationsethik untersucht das Verhalten in Chats in moralischer Hinsicht und entwickelt die Chatiquette weiter. Auch die

Frage, ob Maschinen Menschen kontrollieren sollen, kann sie behandeln. Die Maschinenethik widmet sich der adäquaten Interaktion und Kommunikation der Bots.

Chatbot

Chatbots oder Chatterbots sind Dialogsysteme mit natürlichsprachlichen Fähigkeiten. Sie werden, oft in Kombination mit Avataren, auf Websites eingesetzt und erklären dort Produkte und Dienstleistungen. In einer Wissensbasis sind Antworten enthalten, in der Form von Aussage- und Fragesätzen, und Erkennungsmuster für die Fragen, damit die Antworten darauf passen. Ebenfalls als Chatbots werden die Bots bezeichnet, die im Chat neue Gäste begrüßen, die Unterhaltung in Gang bringen sowie für die Einhaltung der Chatiquette sorgen und beispielsweise unerwünschte Gäste kicken.

Systeme mit natürlichsprachlichen Fähigkeiten sind ein Spezialfall für die Maschinenethik. Diese kann zu dem Ergebnis kommen, dass Chatbots die Wahrheit sagen sollen, es sei denn, sie richten damit erheblichen Schaden an. Die Maschinenethik untersucht überhaupt, wie Chatbots in moralisch aufgeladenen Situationen interagieren bzw. (wenn sie entsprechende Fähigkeiten haben) kommunizieren sollen. So müssen sie – wie der GOODBOT – adäquat reagieren, wenn der Benutzer ihnen gegenüber Tötungsabsichten bekundet.

Clickbait

„Clickbait" (engl. „bait": „Köder") ist ein negativ konnotierter Ausdruck für Content im WWW, mit dem man Klicks und Kommentare generieren will. Der Leser oder Betrachter wird durch Überschriften oder Teaser bzw. Eyecatcher dazu animiert, sich durch Seitenfolgen und Bildstrecken zu klicken. Dazu werden scheinbar heiße Eisen angefasst oder offensichtlich attraktive Models gezeigt. Wie beim viralen Marketing (bzw. als Teil davon) soll sich der Content viral verbreiten. Erzielt werden sollen möglichst hohe Werbeeinnahmen. In der Regel sind Onlinemedien für das Phänomen verantwortlich, für das sich neben der Informationsethik auch Medien-, Wirtschafts- und Rechtsethik interessieren.

Cloud Computing

Cloud Computing ist das Zurverfügungstellen von Speicherplatz, Softwareprodukten und Entwicklungsplattformen über Hochleistungsserver meist externer Anbieter. Verschlüsselung sollte auf Benutzerseite vorgenommen werden, also bevor sich die Daten auf den Weg zu den Servern machen. Wo diese stehen und wer Zugang zu ihnen und Zugriff auf sie hat, muss man vor dem Abschluss eines Vertrags abklären. Die Informationsethik untersucht, ob Cloud Computing die informationelle Autonomie tangiert, die Wirtschaftsethik, ob sich das Unternehmen in eine ökonomische Abhängigkeit begibt.

Cognitive Design

Cognitive Design beschäftigt sich mit der Frage, wie die Generierung, Weitergabe und Bewahrung von Wissen technologisch und medial unterstützt werden kann, wobei Erkenntnisse des Kognitivismus herangezogen und in den Systemen – auch bei intelligentem Spielzeug – umgesetzt werden.

Commons

Commons sind Gemeingüter bzw. gemeinschaftliches Eigentum (Allmende). Die Organisation Creative Commons (CC) bietet über vorgefertigte Lizenzverträge eine Hilfestellung für Urheber zur Systematisierung und Freigabe von rechtlich geschützten Inhalten. So kann man z.B. die kommerzielle Nutzung erlauben oder ausschließen, ebenso die Bearbeitung.

Community

Communities sind Gemeinschaften von Personen mit ähnlichen Interessen oder Zielen. Die Mitglieder tauschen sich zu bestimmten Themen und Problemen aus, ergänzen gegenseitig Sammlungen oder arbeiten zusammen an Werken aller Art. Finden sich Communities in virtuellen Räumen zusammen, spricht man auch von virtuellen Communities oder E-Communities. Genutzt werden vor allem Diskussionsforen und Chats oder Plattformen mit integrierten Funktionen wie Gruppenräumen. Frühe Communities wurden seit den 1970er-Jahren im Usenet gebildet.

Eine spezielle Form seit den 90er-Jahren des 20. Jahrhunderts sind Communities of Practice. Diese nehmen in Organisationen vielfältige Aufgaben wahr. Sie setzen Strategien um, unterstützen Mitarbeiterinnen und Mitarbeiter bei der Lösung von Problemen, auch moralischer und rechtlicher Art, oder fördern die Verbreitung und Anwendung von Best Practices, etwa im Bereich ethischer Fragen und von Compliance-Management. Heute nutzen Communities of Practice mehrheitlich fortgeschrittene Informations- und Kommunikationstechnologien.

Compliance

Compliance ist die Selbstverpflichtung von Organisationen, bestimmte Gesetze, Vorschriften, Leit- und Richtlinien sowie moralische Kodizes und ethische Standards einzuhalten. Compliance-Management soll dabei helfen, die richtigen Regeln zu identifizieren bzw. zu etablieren und die Regeltreue systematisch zu fördern. Die Gesamtheit der Maßnahmen, Methoden, Modelle und Technologien bezeichnet man als Compliance-Management-System.

Die Moral ist bei Compliance meist nicht Zweck, sondern Mittel zum Zweck: Man will das Unternehmen bzw. die Einrichtung vor negativen Folgen schützen. Nicht jegliches Ethikmanagement folgt dieser Logik. Die Wirtschaftsethik untersucht Chancen und Risiken von Compliance-Management-Systemen. Die Informationsethik kommt ins Spiel bei

Internet- und IT-Unternehmen sowie bei der technikbasierten oder automatisierten Überprüfung der Befolgung von Regeln, etwa von moralischen Pflichten.

Computational Thinking

Computational Thinking bedient sich der Techniken und Methoden der Logik, der Mathematik und der Informatik, um Probleme zu formulieren und zu lösen. Der Begriff stammt von dem Mathematiker und Informatiker Seymour Papert. Informatisches Denken nimmt u.a. auf das Computational Thinking Bezug.

Computerethik

Die Computerethik ist, Rafael Capurro folgend, ein Teilbereich der Informationsethik. Sie kann auch als deren Vorläufer und insofern als eigenständige Bereichsethik angesehen werden. Es geht um die moralischen Chancen und Risiken, die beim Einsatz und bei der Nutzung von Rechnern entstehen. In der Regel wird damit keine Ethik adressiert, die wie die Maschinenethik eine mögliche Moral von Computern und Geräten anspricht.

Computerspiel

Ein Computerspiel ist ein Spiel, das an der Spielkonsole, am Standrechner, am Notebook, mit dem Tablet oder mit dem Handy bzw. Smartphone (Handyspiel) allein oder mit anderen gespielt wird. Es handelt sich entweder um abstrakte Vorgänge und Aufgaben (z.B. Zusammenfügen oder Verschieben von Elementen), Nachahmungen von konventionellen Spielen und Sportarten (Schach, Tennis) oder Anwendungen mit Virtueller Realität. Die Spiele verlangen dem Benutzer Ausdauer, Geschicklichkeit, Schnelligkeit, Taktik oder Raffinesse ab. Als Benutzerschnittstellen stehen oft spezielle Instrumente wie Joysticks bereit.

Bei kollaborativen Computerspielen können die Spielpartner am gleichen Ort (LAN-Partys) oder an verschiedenen Orten sein. Beispiele für solche Spiele (auch Multi-User Games genannt, im Gegensatz zu Single-User Games) sind bestimmte Arten von Adventure-Spielen sowie Spielfunktionen von Chats wie Schiffe versenken, Schach oder Mühle. Seit ca. 2005 verbreiten sich Sport- und Geschicklichkeitsspiele, bei denen Körpereinsatz und Gestik die Abläufe steuern.

In Computerspielen werden oft moralische Angelegenheiten verhandelt, etwa in „Sims", „Oblivion", „Fallout 3", „Mass Effect 2" oder „Neon Struct". Man muss Entscheidungen zum Wohl von Menschen und Tieren treffen und Verantwortung übernehmen, oder es wird Gesellschaftskritik geübt. Ferner haben Aktivitäten wie das Töten der Gegner oder das Zerstören von Gebäuden moralische Implikationen. Die Informationsethik interessiert sich dafür, wie spielerisch moralische Kompetenzen erworben werden oder wie diese spielend verloren gehen. Auch wenn Computerspiele süchtig machen, ist sie (neben Medizin und Psychologie) gefragt.

Content

Content ist Information und Wissen in digitaler Form und Inhalt in einer multimedialen Umgebung. Er kann als Text, Grafik, Foto, Video, Animation, Simulation oder gesprochenes Wort und Musik bzw. Audio vorkommen. Content wird von Autoren oder Maschinen her- und zusammengestellt (engl. „content production"), wobei spezielle Autorenwerkzeuge respektive Algorithmen zur Verfügung stehen.

Eine besondere Ausprägung stellt der User-generated Content dar, bei dem in der Regel nichtprofessionelle Autoren alleine oder gemeinsam – häufig über Weblogs oder Wikis und im Kontext des Web 2.0 – Content produzieren und kuratieren (engl. „content curation"). Bei der Entwicklung und Nutzung von Content wird seit einigen Jahren Open Content immer wichtiger. Cat-Content ist ein Internetphänomen: Bilder dieser Tiere werden massenhaft gepostet und gelikt.

Verstöße gegen das Urheberrecht und das Recht am eigenen Bild, die Aggregation von Daten, die Industrialisierung und Automatisierung der Buch- und Artikelproduktion (auch im Sinne von Robo-Content) und andere Phänomene fordern Rechtswissenschaft, Medienethik und Informationsethik heraus.

Corporate Governance

Corporate Governance ist der Ordnungsrahmen für die Leitung und Überwachung eines Unternehmens. Die Grundsätze der Unternehmensführung zielen auf eine verantwortliche, kompetente und transparente Führung. Auch und gerade für IT-Firmen ist Corporate Governance relevant.

Corporate Social Responsibility

„Corporate Social Responsibility" (CSR) kann mit „Unternehmensverantwortung" übersetzt werden. Es handelt sich um einen zentralen Begriff der Wirtschaftsethik, genauer der Unternehmensethik. CSR ist kein Managementkonzept, sondern ein Leitgedanke. IT-Firmen müssen, in Kongruenz mit der Corporate Governance, Verantwortung wahrnehmen mit Blick auf die Produktion von Geräten, den Betrieb von Rechenzentren, die Datenverarbeitung, -sammlung und -verwertung sowie das Verhalten der Kunden.

Cyberhedonismus

Aus Sicht des Hedonismus sind Lust und Befriedigung die höchsten Güter und Voraussetzung für die Glückseligkeit und ein gutes Leben. Die Informationsethik beschäftigt sich mit dem Hedonismus der Informationsgesellschaft, deren Mitglieder sich durch die Nutzung von Internetdiensten, den Kauf von Gadgets, über Computer- und Handyspiele und mit Hilfe von Cyberporn und -sex (Ersatz-)Befriedigung verschaffen. In diesem Zusammenhang wird auch von Cyberhedonismus gesprochen.

Cyberkriminalität

Cyberkriminalität tritt als Computer- und Internetkriminalität in Erscheinung. Auch die Kriminalität über Handys und Smartphones und in mobilen Netzen kann dazu gezählt werden. Computerkriminalität umfasst Datenveränderung und Computersabotage, Internetkriminalität Cybermobbing, Identitätsdiebstahl und Netzspionage. Diese Straftaten lassen sich auf den mobilen Bereich übertragen. Die Informationsethik widmet sich in Computer- und Netzethik den moralischen Aspekten der Cyberkriminalität.

Cybermobbing

Cybermobbing (auch Cyberbullying) ist Mobbing im virtuellen Raum (im Cyberspace), in Form einer Denunziation, Diffamierung, Beleidigung, Belästigung oder Nötigung. Anonymität scheint Cybermobbing zu begünstigen, genauso das Aufgehen der Täter in einer Menge, dem Mob. Cyberstalking als Verfolgung und Belästigung im virtuellen Raum ist ein verwandtes Phänomen. In der Informationsethik werden Ausprägungen des Cybermobbings untersucht und Vorschläge zur Eindämmung erarbeitet.

Cyber-physische Systeme

Cyber-physische Systeme sind Systeme, bei denen informations- und softwaretechnische mit mechanischen bzw. elektronischen Komponenten verbunden sind, wobei Datentransfer und -austausch sowie Kontrolle bzw. Steuerung über eine Infrastruktur wie das Internet in Echtzeit erfolgen. Wesentliche Bestandteile sind mobile und bewegliche Einrichtungen, Geräte und Maschinen (darunter auch Roboter), eingebettete Systeme und vernetzte Gegenstände (Internet der Dinge). Sensoren registrieren und verarbeiten Daten aus der physischen Welt, Aktoren (Antriebselemente) wirken auf die physische Welt ein, sodass z.B. Weichen gestellt, Schleusen geöffnet, Fenster und Türen geschlossen,

Produktionsvorgänge begonnen, geändert und angehalten werden. Herausforderungen sind Standardisierung und Integration von Komponenten, Verifizierung von Systemen, Reduktion von Komplexität und Erhöhung der Sicherheit. Involvierte Wissenschaften und Disziplinen sind u.a. (Wirtschafts-)Informatik, Betriebswirtschaftslehre, Maschinenbau, Elektrotechnik und Robotik. In der Industrie 4.0 haben cyber-physische Systeme eine zentrale Funktion.

Zu den Anwendungsbereichen der cyber-physischen Systeme gehören Produktion, Logistik, Mobilität, Energie, Umwelt und Verteidigung. Damit sind auch zentrale Themenfelder der Industrie 4.0 genannt. Eine Fahrzeugproduktion mit Prozesssteuerungs- und Automationssystemen und stationären oder mobilen Robotern (Smart Factory und Smart Production) ist ebenso im Fokus wie die Etablierung von Steuerungssystemen für den Zug-, Flug- und Autoverkehr. Smart Grid verbindet kleine und große Energieanbieter und unterschiedlichste -systeme. Dadurch sollen eine höhere Effizienz und eine bessere Effektivität in der Energieversorgung von Unternehmen und Privathaushalten (Smart Home) möglich sein. Vernetzte Umweltbeobachtungs- und Umweltbeeinflussungssysteme kontrollieren und manipulieren künstliche und natürliche Systeme, um Schaden von Mensch und Umwelt, etwa im Zusammenhang mit Erdbeben und Überschwemmungen, abzuwenden. Militärische Drohnen, die Teil des Unmanned Aerial System sind, zu dem noch die Bodenstation für Start, Landung und Betankung und die Station zur Steuerung und Überwachung des Flugs gehören, fliegen ferngesteuert oder teilautonom bzw. autonom und sind auf ständige Inputs aus Internetquellen und Informationssystemen und auf hochwertige Sensoren angewiesen. Sie können wiederum Teil von komplexeren Verteidigungssystemen zur Luftraumüberwachung und Raketenabwehr sein.

Vorteilhaft bei cyber-physischen Systemen, wie auch bei der Industrie 4.0, sind Anpassungs- und Wandlungsfähigkeit, Ressourceneffizienz, Verbesserung der Ergonomie und Erhöhung von (bestimmten Formen der) Sicherheit. Nachteilig ist, dass die komplexen Strukturen hochgradig anfällig sind und interne und externe Abhängigkeiten erzeugen. Autonome Systeme können sich falsch entscheiden, entweder weil sie unpassende Regeln befolgen oder Situationen und Vorgänge unkorrekt interpretieren. Mobile Roboter können Menschen verletzen und Unfälle verursachen, was die soziale Robotik allerdings gezielt zu bekämpfen versucht. Eingebettete vernetzte Systeme hängen von aktuellen Daten und korrekten Informationen ebenso ab wie von einer funktionierenden Stromversorgung. Die Informationsethik untersucht das mögliche Versagen der cyber-physischen Systeme, z.B. ihre feindliche Übernahme und ihren selbstverschuldeten Ausfall, in moralischer Beziehung, die Maschinenethik versucht die Entscheidungen der teilautonomen und autonomen Systeme in moralischer Hinsicht zu verbessern.

Cyberporn

Cyberporn ist Pornografie im Cyberspace, Texte, Bilder, Videos und Live-Übertragungen, distribuiert und konsumiert mit konventionellen Computern und mobilen Geräten. Am Fließband produzierte Pornografie gehört teilweise zur Cyberkriminalität, etwa Kinderpornografie, selbst produzierte Pornografie ebenfalls, wie der Racheporno oder wiederum Kinderpornografie (im Rahmen von Sexting, das von Kids ausgeht). Im Internet sind viele verschiedene Arten von weicher und harter Pornografie zu finden, was die sogenannte (eher scherzhaft gemeinte) Regel 34 so beschreibt: „If it exists, there is porn of it."

Jugendliche in den Informationsgesellschaften sind mit explizitem Material in ihrer Mehrheit vertraut; man spricht auch von der Generation Porno, die Generation Y und Z umfasst. Schäden und Prägungen bei zu frühem Konsum sind möglich, insbesondere wenn man auf Bilder nicht vorbereitet ist und ein Ansprechpartner fehlt, der Darstellungen erklärt und relativiert. Zudem ist Nachahmung eine Gefahr. Selbst Kindergartenkinder können sexuelle Gewalt und sexuelle Praktiken in der Familie oder in Pornos auf ihre Altersgenossen übertragen. Zugleich können

Softpornos bei denjenigen, die die nötige geistige Reife haben, auch zur Aufklärung und Auflockerung beitragen.

Wichtig ist die Vermittlung von adäquaten Verhaltensweisen im Rahmen der Informations- und der Medienkompetenz. Auch das Blocken und Filtern mit Hilfe von Software ist möglich. Die Informationsethik fragt in diesem Kontext grundsätzlich nach der sich verändernden Moral der Informationsgesellschaft und speziell nach der informationellen Autonomie.

Cybersex

Cybersex ist eine Form von Sex, die im virtuellen Raum stattfindet, beispielsweise in Chaträumen und Spielewelten. Man erregt sich gegenseitig über die Sprache (bei gesprochener Sprache auch über die Stimme) oder – mit Hilfe von Avataren, von Fotos, Videos und anderem selbsterstelltem oder ausgewähltem Cyberporn-Material – über das Aussehen. Auch Ein- und Ausgabegeräte (Datenhandschuhe und -helme, Vibrationsunterwäsche sowie die Erzeugnisse von 3D-Druckern), Sexroboter und weitere technische Hilfsmittel werden zur Darstellung bzw. Betrachtung und Stimulation des eigenen und fremden Körpers eingesetzt. Informations- und Sexualethik gehen beim Cybersex eine Liaison ein; u.a. interessiert, wie Informations- und Kommunikationstechnologien ein lustvolles Leben unterstützen oder behindern können.

Cyberstalking

Cyberstalking ist eine Sonderform des Stalkings, des Nachstellens, Verfolgens und Belästigens, die sich auf den virtuellen Raum (den Cyberspace) bezieht. Es kann als Form von Cybermobbing oder als eigenständiges Phänomen aufgefasst werden. Die Täter (Stalker bzw. Cyberstalker) handeln entweder im Schutz der Anonymität oder treten ihrem Opfer mit ihrer wahren Identität entgegen. Das Nachstellen im realen Raum mit Hilfe von Informations- und Kommunikationstechnologien und zur Überwachung geeigneten Geräten wie Drohnen wird nicht als Cyberstalking bezeichnet, kann aber in dieses münden, wenn die Daten ins Netz übertragen und mit dem Profil des Betroffenen verknüpft werden. In der Informationsethik werden Ausprägungen des Cyberstalkings erörtert und Vorschläge zur Eindämmung und zur Hilfe im Falle des Betroffenseins erarbeitet.

Cyberwar

Cyberwar ist Krieg oder Kampf mit Hilfe von Informations- und Kommunikationstechnologien in der virtuellen oder auch – bei einem weiten Begriff – realen Welt. Es gehören Cyberattacken dazu, die teilweise von Hackern ausgeführt und zur Cyberkriminalität gezählt werden, welche ein Untersuchungsobjekt der Informationsethik ist, und Angriffe mit (teil-)autonomen Kampfrobotern und Drohnen, ein Gegenstand der Maschinenethik. Alle Formen des Cyberkriegs können vom Militär ausgehen und von der Militärethik behandelt werden.

Cyborg

Cyborgs sind – im engeren Sinne vornehmlich noch als Gegenstand von Dichtung und Film sowie von wissenschaftlich fundierten Zukunftsvisionen – Verschmelzungen von Mensch und Maschine, selten auch von Tier und Maschine. Es geht in der praktischen Anwendung darum, den menschlichen Körper mit technischen Mitteln zu perfektionieren oder seine Schwächen auszugleichen. Cyborgs aus Überzeugung nennen sich Bodyhacker und sind Teil der Bewegung des Transhumanismus.

Aus Sicht der Rechtswissenschaft interessiert, ob es sich bei einer erfolgreichen Attacke um Sachbeschädigung oder Körperverletzung handelt, aus Sicht der Informationsethik, ob durch die Integration von Chips und die Verwendung von Hightech-Prothesen die Autonomie des Menschen eingeschränkt oder erweitert wird, aus Sicht der Maschinenethik, ob die künstlichen Teile selbst Subjekte der Moral sein können. Als tierischer Cyborg ist RoboRoach bekannt geworden: Eine Kakerlake wird mit einem

Aufsatz versehen und über ein Smartphone ferngesteuert. Gefragt ist hier, neben Technik- und Informationsethik, die Tierethik.

Cypherpunk

„Cypherpunk" ist ein Kunstwort aus engl. „cyber", „cipher" („Chiffre") und „punk", das einen Cyberpunk meint, der kryptografische Verfahren nutzt, um private Daten zu schützen, und soziale Medien und interaktive Plattformen, um öffentliche Daten zu verbreiten. Damit agiert er auch im Sinne der Hackerethik. Hacker werden zuweilen als Cyberpunks bezeichnet.

_____D

Datenbrille

Die Datenbrille ist ein mit Peripheriegeräten ergänzter Kleinstrechner, der am Kopf getragen und mit Augen und Händen gesteuert bzw. bedient wird. Verarbeitet werden Daten aus dem Internet und der Umgebung, vor allem im Sinne der Augmented Reality. Dinge, Pflanzen, Tiere und Menschen respektive Situationen und Prozesse werden registriert, analysiert und mit virtuellen Informationen angereichert. Der Computer ist auf einem Brillenrahmen angebracht oder in eine Apparatur integriert, die einer Halbmaske ähnelt.

Die Möglichkeiten und Funktionen der Datenbrille hängen einerseits von der verbauten Hardware ab, von Kamera, Display und Prozessor, andererseits von der eingesetzten Software, etwa den heruntergeladenen Apps. Die Hersteller der Brille versuchen manche Anwendungen zu fördern und durchzusetzen, andere zu verhindern. So wird die Gesichtserkennung kontrovers diskutiert und teilweise untersagt. Mit ihrer Hilfe könnten fremde Personen identifiziert und mit Zusatzinformationen aus dem WWW verbunden werden.

Die Datenbrille kann der Unterstützung von Arbeit, Sport und Orientierung dienen. Sie erleichtert wissensintensive und äußerste Präzision verlangende Tätigkeiten. Sie kann zudem ein Statement sein. Wer sie in der Öffentlichkeit trägt, mag damit seinen Willen zum Ausdruck bringen, unlautere Methoden zum eigenen Vorteil zu gebrauchen und die informationelle Autonomie seiner Mitmenschen zu missachten. Die Verbreitung der Datenbrille hängt stark vom wirtschaftlichen Druck, vom rechtlichen Rahmen und von moralischen Diskussionen – auch aus Technik- und Informationsethik heraus – ab.

Datenschutz

Datenschutz ist u.a. der Schutz individueller, privater Daten und Informationen vor Unbefugten oder der Allgemeinheit bzw. das entsprechende Fachgebiet. Die betreffenden Personen sollen vor Indiskretionen und Benachteiligungen und damit in ihrem Persönlichkeitsrecht geschützt werden. Mit dem Datenschutz hängt die Datensicherheit zusammen. Die Informationsethik nimmt sich der moralischen Aspekte des Datenschutzes an, beispielsweise in der Beschäftigung mit der informationellen Autonomie.

Datensparsamkeit

Datensparsamkeit bedeutet, dass so wenige persönliche Daten wie möglich erhoben, verarbeitet, genutzt und verbreitet sowie so viele persönliche Daten wie möglich anonymisiert werden. Einerseits kann ein hemmungsloses Sammeln und Weitergeben von Daten die informationelle Autonomie beschädigen, andererseits eine völlige Enthaltsamkeit die Freiheit des Netzbürgers beeinträchtigen. Datensparsamkeit und -vermeidung sind ein Konzept aus dem Daten- und Verbraucherschutz.

Dating

Zum Dating gehören Verabredungen, die zu sexuellen Beziehungen führen können. Man hinterlässt in einschlägigen Medien seine Angaben oder sucht aktiv an geeigneten Orten wie Kneipen, Discos und Freibädern nach potenziellen Partnerinnen und Partnern und macht ein sogenanntes Date aus, bei dem man sich näher kennenlernt (oder nutzt in der Offlinewelt gleich die Gunst der Stunde).

Das Internet hat für das Dating eine große Bedeutung (Onlinedating). Es gibt auf unterschiedliche Bedürfnisse ausgerichtete Plattformen, auf denen man Informationen zur Person und ein Foto hinterlegt, Chats werden als Flirträume genutzt, persönliche Homepages und Posts in Weblogs als Lockmittel ausgelegt, spezielle Apps für soziale Medien eingesetzt.

Formulare, über die man den Suchraum nach Alter, Geschlecht, Größe, sexueller Ausrichtung etc. einschränken kann, und Algorithmen helfen einem beim Aufspüren der passenden Personen. Bereits 1968 sang France Gall über den Computer Nr. 3, der den richtigen Mann für sie bzw.

das lyrische Ich sucht. Heutzutage geht es nicht nur um feste Beziehungen, sondern auch um Seitensprünge und One-Night-Stands.

Die Informationsethik ist in diesem Kontext an der Sexualmoral der Informationsgesellschaft, an der Manipulation von Fotografien und Biografien sowie an der Funktion von Algorithmen und am Datenschutz von Dating-Plattformen interessiert.

Deutscher Ethikrat

Der Deutsche Ethikrat widmet sich als nationale Ethikkommission moralischen, gesellschaftlichen, medizinischen und rechtlichen Fragen sowie nach eigenem Verständnis den voraussichtlichen Folgen für Individuum und Gesellschaft, die sich insbesondere auf dem Gebiet der Lebenswissenschaften und ihrer Anwendung auf den Menschen ergeben. Er erstattet dem Deutschen Bundestag und der Bundesregierung einmal jährlich Bericht über seine Aktivitäten und Ergebnisse und den Stand der gesellschaftlichen Debatte.

Der Nationale Ethikrat nahm 2001 seine Arbeit auf, nach einem Beschluss der Bundesregierung unter Bundeskanzler Gerhard Schröder. Er wurde 2008 wieder aufgelöst und – auf der Grundlage des Gesetzes zur Einrichtung des Deutschen Ethikrats, in Kraft getreten am 1.8.2007 – durch den Deutschen Ethikrat ersetzt, dessen konstituierende Sitzung am 11.4.2008 stattfand. Im genannten Gesetz wird u.a. auf Aufgaben, Stellung, Mitglieder und Arbeitsweise eingegangen, zudem das Verhältnis zur Öffentlichkeit festgelegt.

Der Präsident des Deutschen Bundestags beruft die Hälfte der Mitglieder auf Vorschlag des Parlaments und der Bundesregierung. Es handelt sich teils um Wissenschaftler, unter ihnen auch professionelle Ethiker, also z.B. ausgebildete Philosophen mit entsprechenden Schwerpunkten, teils um Personen, die sich in besonderer Weise mit moralischen Fragen beschäftigen. Im Rat sollen nach dem Ethikratgesetz unterschiedliche ethische Ansätze und ein plurales Meinungsspektrum vertreten sein;

dazu gehört nach Auffassung der Verantwortlichen nicht nur eine philosophische, sondern in gleicher Weise eine theonome Ethik, der – schon über die Vielzahl der berufenen Theologen – erheblicher Raum gegeben wird, was die Wissenschaftlichkeit des Gremiums in Frage stellt.

Digitale Demenz

Der Begriff der digitalen Demenz wurde von Manfred Spitzer geprägt. Der Hirnforscher stellt in seinem gleichnamigen Buch aus dem Jahre 2012 die Auswirkungen von Informations- und Kommunikationstechnologien und neuen Medien auf die Entwicklung des Gehirns dar. Eine intensive Nutzung führt nach seiner Darstellung zu einem geistigen Abstieg. In Schwierigkeiten seien vor allem Kinder und Jugendliche, die in geistiger Hinsicht noch keinen nennenswerten Aufstieg hinter sich haben. Der Begriff der digitalen Demenz kann auch innerhalb der Medienethik und der Informationsethik gebraucht und hinterfragt werden.

Digitale Ethik

„Digitale Ethik" ist mehr oder weniger ein Synonym für „Informationsethik", wobei man vor allem auf eine Neue-Medien-Ethik zu zielen scheint. Man verabschiedet sich mit seinem Gebrauch vom üblichen Aufbau der Bezeichnungen der Bereichsethiken und ist mehr an der Wirkung (oder Allgemeinverständlichkeit) als an der Einordnung interessiert.

Digitale Piraterie

Unter den Begriff der digitalen Piraterie fallen Verbreitung von Werken und Nachahmung von Produkten unter Verwendung von Informations- und Kommunikationstechnologien und neuen Medien und unter Verletzung von Urheber-, Wettbewerbs-, Marken- oder Patentrecht. Seit der Jahrtausendwende sind Musik und Literatur stark betroffen. Der Durchbruch der 3D-Drucker im Massenmarkt, mitsamt der Verfügbarkeit digitaler Modelle, leistet der Produktpiraterie weiter Vorschub. Die

Piratenpartei setzt sich in politischer und gesellschaftlicher Hinsicht mit Problemen der Piraterie auseinander. Die Informationsethik interessiert sich für die moralischen Aspekte der digitalen Piraterie, mit Blick auf Informationsgerechtigkeit sowie Informationskapitalismus und -kommunismus.

Digitaler Graben

Der digitale Graben verläuft zwischen den schwach und stark vernetzten und computerisierten Ländern, aber ebenso innerhalb der Informationsgesellschaft, und trennt diejenigen, die Zugang zum Internet, zu Onlinediensten und zu Kommunikationswerkzeugen haben, von denjenigen, die ihn nicht haben oder wollen. Man spricht daneben von digitaler Kluft (engl. „digital gap") und digitaler Spaltung (engl. „digital divide"), Rainer Kuhlen auch von informationeller Asymmetrie. Auf beiden Seiten des digitalen Grabens können Chancen und Risiken ausgemacht werden, wobei nicht verkannt werden darf, dass Informations- und Kommunikationstechnologien nicht zuletzt Herrschaftsinstrumente sind und der digitale Graben in der Tendenz dem Gerechtigkeitsprinzip widerspricht. Eine besondere Frage ist, ob bestimmte Männer einen digitalen Graben errichten, indem sie bestimmte Frauen im Netz ausgrenzen, angreifen und bloßstellen. Der Hashtag #aufschrei wandte sich gegen sexuelle Belästigung nicht nur in der Offline- sondern auch in der Onlinewelt. Die Informationsethik widmet sich in diesem Kontext etwa der Informationsgerechtigkeit und -macht.

Digitaler Ungehorsam

Der digitale Ungehorsam ist eine Form des zivilen Ungehorsams und gehört zum Widerstand des Netzbürgers. Es geht darum, sich Überwachungsstaat, -industrie und -gesellschaft zu entziehen und informationelle Autonomie zu bewahren. Man verweigert die Abnahme von digitalen Fingerabdrücken in Luxushotels, die Nutzung von elektronischen Kundenkarten in Supermärkten und die Herausgabe von Realnamen an Social

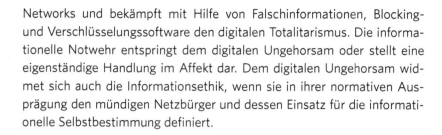

Networks und bekämpft mit Hilfe von Falschinformationen, Blocking- und Verschlüsselungssoftware den digitalen Totalitarismus. Die informationelle Notwehr entspringt dem digitalen Ungehorsam oder stellt eine eigenständige Handlung im Affekt dar. Dem digitalen Ungehorsam widmet sich auch die Informationsethik, wenn sie in ihrer normativen Ausprägung den mündigen Netzbürger und dessen Einsatz für die informationelle Selbstbestimmung definiert.

Digital Natives

Mit „Digital Natives" wird die Generation bezeichnet, deren Vertreter als erste mit Computern, Internet und Videospielen aufgewachsen sind und für die die vernetzte und die mobile Kommunikation eine Selbstverständlichkeit darstellen (Generation Y). Außerhalb dieser Welt befinden sich die sogenannten Digital Immigrants, die sich den Umgang mit Neuen Medien im Laufe ihres (Erwachsenen-)Lebens haben aneignen müssen und die kaum jemals ihren vordigitalen Akzent ablegen können. Beide Begriffe wurden 2001 von Marc Prensky geprägt, der für einen anderen Unterricht für die neuen Lernenden plädierte.

Digital Rights Management

Beim Digital Rights Management (DRM), dt. „digitale Rechteverwaltung" oder „digitales Rechtemanagement", handelt es sich um technische Verfahren, die das geistige Eigentum schützen und die Nutzung bzw. Verbreitung von Dateien und Medien kontrollieren sollen.

Dilemma

Es ist ein Lieblingsspiel der Philosophen seit der Antike, Dilemmata zu konstruieren und zu variieren. Insbesondere die Ethik findet daran Vergnügen. Sie beschäftigt sich als Disziplin, welche die Moral zum Gegenstand hat, mit Entscheidungen im Zusammenhang mit einem guten oder bösen Willen, mit einem guten oder schlechten Leben, mit Gerechtigkeit und Ungerechtigkeit. Dilemmata sind Zwickmühlen, Zwangslagen, in denen die Wahl zwischen zwei Optionen schwerfällt oder notgedrungen zu einem unerwünschten Resultat führt. Oft empfindet man sie als derjenige, der die Gedankenexperimente kennenlernt, sie sozusagen nachdenkt, als paradox und exzentrisch. Bei drei, vier und fünf Alternativen spricht man von einem Tri-, Tetra- und Pentalemma.

Manche Gedankenexperimente sind auf die Informatik, die Künstliche Intelligenz und die Robotik übertragbar. Sie helfen beim Bau von Systemen, die Entscheidungen treffen, und betonen die entstehenden Herausforderungen. Auch die Maschinenethik, welche die Moralfähigkeit von Chatbots, Robotern und Drohnen untersucht, kann von ihnen profitieren. Nicht zuletzt helfen uns die Dilemmata, unser Verhältnis zu Maschinen zu klären. Moderne Varianten sind die Parkbucht des Karneades, das Roboterauto-Problem und Buridans Robot.

Diversität

Diversität (engl. „diversity") ist die Vielfalt in Gruppen, Gesellschaften und Organisationen, in Bezug auf Geschlecht, Herkunft, Alter, Sexualität, Ernährungsgewohnheiten, Weltanschauungen und Behinderungen. Diversity-Richtlinien sollen die Vielfalt, die Chancengleichheit und die Gleichbehandlung von Individuen und Gruppen unterstützen und vor Diskriminierung schützen. Diversität in der Informationsgesellschaft hat Bezüge zur Barriere- und Informationsfreiheit.

3D-Drucker

3D-Drucker (auch 3-D-Drucker genannt) erlauben das „Ausdrucken" von Gegenständen aller Art. Typische Ausgangsmaterialien sind Kunststoff, Metall und Gips, als Pulver, Granulat und am Stück (in Form eines Kunststoffkabels oder von Metallfolie) oder aber in flüssiger Form. Man trägt Schicht um Schicht auf, wobei man den Auftrag trocknen lässt oder geklebt und geschmolzen wird. Der Aufbau der Objekte benötigt eine gewisse Zeit, im Extremfall bis zu mehreren Stunden oder Tagen. 3D-Drucker sind auf dem Massenmarkt in allen Preisklassen erhältlich. Sie erlauben zum einen die private Herstellung von Objekten aller Art, zum anderen – dies ist u.a. für Unternehmen relevant, die cyber-physische Systeme betreiben – die Just-in-time-Produktion von einzelnen Werkzeugen und Geräteteilen oder die Massenproduktion vor Ort.

Um Gegenstände in hoher Qualität ausdrucken zu können, braucht es entsprechende Vorlagen. Erstens designen Laien und Experten alleine und vor allem zusammen Objekte. Sie sind Crowdsourcer und Crowdsourcees und verfolgen nicht unbedingt kommerzielle Interessen. Zweitens werden Objekte optisch erfasst, über professionelle 3D-Scanner ebenso wie über die Webcam, die Handykamera und passende Software; selbst für Laien ist es relativ einfach, die Scans für den 3D-Druck aufzubereiten, und es sind Hilfsprogramme verfügbar, die ihnen die Arbeit erleichtern. Drittens kursieren Dateien im Internet bzw. sind auf Plattformen und in Stores kostenlos oder -pflichtig zu haben. Die auf Digitalisierung beruhende Piraterie weitet sich auf die gegenständliche Welt aus.

Nach Ansicht von Experten werden 3D-Drucker eine neue industrielle und gegenindustrielle Revolution evozieren, als Kombination aus den vorherigen Umwälzungen sowie der Anwendung von IT- und Medienkompetenz und gestalterischen und künstlerischen Fähigkeiten. In der Industrie 4.0 tragen 3D-Drucker zur Individualisierung bei. Mit Blick auf den Endkonsumentenmarkt wird voraussichtlich eine spezielle Industrie das mechanische, elektrische oder elektronische Innenleben für die Objekte entwickeln, die sich die Benutzer ausdrucken. Diese können mit ein paar Mausklicks die gewünschte Form bestellen und die Teile integrieren. Auch hochwertige Verbindungen und Erweiterungen werden auf dem Markt zu haben sein, sodass man komplexe Objekte zusammenbauen kann. Verdient wird über die Vorlagen und Verbrauchsmittel sowie über Dienstleistungen: In den Haushalten stehen eher kleine, in den Läden eher große oder spezielle Printer. Wichtig für den langfristigen Erfolg beim Endkunden werden die Unbedenklichkeit und die Ungefährlichkeit der verwendeten Werkstoffe und -stücke sein.

Die Maschinenethik interessiert sich für die Frage, ob man 3D-Drucker in moralische Maschinen verwandeln kann. Beispielsweise kann man sie so konstruieren, dass sie sich dafür entscheiden, die Herstellung von Waffen zu verweigern, eventuell je nachdem, um welche Art es sich handelt und wer den Druckauftrag abgeschickt hat. In der Technikethik wird diskutiert, ob dadurch die persönliche Autonomie eingeschränkt wird.

Drohne

Eine Drohne ist ein unbemanntes Luft- oder Unterwasserfahrzeug, das entweder von Menschen ferngesteuert oder von einem integrierten oder ausgelagerten Computer gesteuert und damit teil- oder vollautonom wird. Im Englischen spricht man von „drone", im Falle der Flugdrohne auch von Unmanned Aerial Vehicle (UAV). Man unterscheidet bei dieser den militärischen, politischen, journalistischen, wissenschaftlichen, wirtschaftlichen sowie privaten, persönlichen Einsatz. Gröber kann man zwischen militärischer und ziviler Nutzung differenzieren. Drohnen sind als singuläre Maschinen unterwegs, lediglich mit einer Kontrolleinheit verbunden, oder Teil eines komplexeren Systems, wie im Kriegswesen, wo das Unmanned Combat Aerial Vehicle (UCAV) zum Unmanned Aerial System (UAS) gehört, oder in der Landwirtschaft, wo das Fluggerät dem Mähdrescher vorausfliegt und sich mit diesem verständigt, um Tierleid, Schneidwerkverunreinigungen und Maschinenschäden zu verhindern.

Die privat oder wirtschaftlich genutzte Flugdrohne wird mit Hilfe des Smartphones oder einer Fernbedienung gelenkt. Sie besitzt häufig eine Kamera für Stand- und Bewegtbilder. Mit deren Hilfe und im Zusammenspiel mit dem Display kann man sie, anders als ein klassisches Modellflugzeug, relativ sicher außerhalb des Sichtbereichs beherrschen. Ferner kann ein Mikrofon vorhanden sein, zum Zwecke der Sprachsteuerung, wobei die Fluggeräusche herausgefiltert werden müssen. Die Ausstattung umfasst Batterien oder Akkus, moderne Elektromotoren und Elektronikkomponenten bzw. Computertechnologien, zuweilen auch Stabilisierungssystem, W-LAN-Komponenten und GPS-Modul, sodass man den Kurs über eine Karte vorgeben und von der Drohne befolgen lassen kann. Weit verbreitet ist der Quadrokopter mit seinen vier Rotoren. Er kann in der Luft verharren und anspruchsvolle Manöver ausführen, sowohl als lastenfähige als auch als handtellergroße Version. Ferner sind Hexakopter mit sechs Rotoren auf dem Massenmarkt, zudem einfachere Hubschraubermodelle, die Modellflugzeugen ähneln. Auch Geräte, die zylinderartig sind und deren anliegende Flügel im Betrieb ausgeklappt werden, sind erhältlich.

Die Informationsethik interessiert, ob die informationelle Autonomie eingeschränkt oder erweitert wird und welche Konsequenzen eine feindliche Übernahme der Drohne hat. In der Technikethik wird diese als Gerät in den Vordergrund gerückt und nach dessen Omnipräsenz und der Abhängigkeit von diesem gefragt. Die Abhängigkeit ist wiederum ein Thema der Informationsethik, vor allem wenn das Gerät als Computer und die Datenanalyse und -nutzung im Mittelpunkt stehen. Insofern sich die Maschinenethik teil- oder vollautonomen, intelligenten Systemen widmet, sind ihre Erkenntnisse in Bezug auf Drohnen relevant, wenn diese selbst Entscheidungen verantworten und Handlungen vollziehen oder selbstständig Informationen filtern. Die Grundprobleme sind unabhängig von der Verbreitung vorhanden. Ein Erfolg wird freilich in weitere Herausforderungen münden, wenn die Geräte miteinander und im Internet der Dinge kommunizieren und kooperieren, oder wenn der Druck, diese einzusetzen, hoch ist. Zudem muss nach dem Anwendungsgebiet differenziert werden: Im militärischen und polizeilichen Einsatz ergeben sich zum Teil andere Herausforderungen als im privaten Gebrauch. Mehr und mehr gehören kriminelle und terroristische Aktivitäten zu den Risiken, z.B. wenn man mit Drohnen Gebäude besprüht, Gegenstände entwendet, sie mit Waffen bestückt oder sie mit Passagierflugzeugen kollidieren lässt. Hinzuweisen ist aber auch auf die Chancen, die sich bei der Zustellung in schwach besiedelten Gebieten und bei hohem Zeitdruck ergeben, wobei sowohl Privatleute als auch Unternehmen profitieren können.

_____E

E-Book

Ein E-Book ist ein elektronisches Buch. Es wird mit einem Handy, Smartphone, Tablet, Reader oder einem anderen elektronischen Gerät, das mit einem Display ausgestattet ist, gelesen und betrachtet. Man kann es multimedial aufbereiten und mit Links ergänzen, sodass es zum Enhanced oder Enriched E-Book wird, also zum erweiterten oder angereicherten elektronischen Buch. Bei einem klassischen E-Book, etwa im PDF- oder EPUB-Format, bleibt das Buchhafte erhalten; es besteht zwar kein Buch als Ding, aber als Werk. Handyromane und Enriched Books vermögen selbst Werkgrenzen aufzulösen und ins Internet und ins Internet der Dinge einzugehen, was Bibliotheken bis heute vor Herausforderungen stellt.

Das elektronische Dokument, das dem konventionellen Buch vorausgeht, ist meist auch der Ausgangspunkt beim E-Book. Es wird in geeignete Formate überführt, mit Metadaten und Zugriffsrechten versehen (Digital Rights Management) sowie – bei Enriched E-Books – mit Grafiken, Fotos, Videos, Booktracks und Links angereichert. Handyromane werden speziell für das Handy bzw. Smartphone konzipiert. Sie sind oft von geringem Umfang oder in Folgen aufgeteilt und werden von einzelnen Autoren oder Communities geschrieben. Spezialisierte und etablierte Verlage drucken sie im Erfolgsfalle nach, gerade im Ursprungsland Japan. Deshalb und wegen ihrer Besonderheit als Genre können sie nicht ohne weiteres unter den Begriff des E-Books subsumiert werden. Übersetzungshilfen und Leserkommentare sowie Augmented Reality erweitern das elektronische Buch weiter.

E-Books werden über Onlinehändler vertrieben, über spezielle Plattformen im Web oder über mobile Shops. Manche Plattformen ermöglichen zusätzlich die Produktion der Bücher bzw. die Umwandlung von Vorlagen in geeignete Formate, decken also wesentliche Teile der Wertschöpfungskette ab. Die Titel werden vom Benutzer auf das mobile Gerät heruntergeladen. Je nach Geschäftsmodell können Anbieter und Kunden in unterschiedlicher Freiheit über sie verfügen; manche Anbieter erlauben sich den Remotezugriff und die nachträgliche Anpassung oder Löschung. Immer mehr Autoren verzichten auf die althergebrachten Mittler und bringen Werke – die sie im besten Falle mit Hilfe von Grafikern, Lektoren und Korrektoren professionalisieren – selbst auf den Markt.

Verlagswesen, Buchhandel und Literaturbetrieb im deutschsprachigen Raum standen dem E-Book über Jahre skeptisch gegenüber. Nach dem Boom von Readern und Tablets gehörte es zum guten Ton, zum gedruckten Buch eine elektronische Alternative anzubieten. Mediale Möglichkeiten wurden dabei selten ausgereizt, vielversprechende Geschäftsmodelle kaum umgesetzt. Lange Zeit waren E-Books zu Literaturwettbewerben nicht zugelassen. Inzwischen gibt es spezielle Preise und Förderungen. Es werden Werke angeboten, die menschlichem Ungenügen oder automatisierter Produktion (Robo-Content) entspringen oder aber trotz bzw. wegen ihrer Einzigartigkeit von keinem etablierten Verlag akzeptiert worden wären.

Zwischen der Rezeption traditioneller Bücher und klassischer E-Books existieren kaum Unterschiede. Bei zunehmender Multimedialisierung und Hypertextifizierung treten allerdings diejenigen Mechanismen in Kraft, die man von Internet und WWW her kennt. Die Benutzer werden daran gewöhnt, kurze Einheiten ohne ausreichenden Kontext zu konsumieren, durch Bilder, Videos, Kommentare und verlinkte Ressourcen abgelenkt sowie im schlimmsten Fall in ihrer Vorstellungskraft geschwächt. Diesen Problemen kann sich die Informationsethik widmen, zudem dem Ausspionieren, dem „Lesen" der Leser.

E-Business

E-Business (Electronic Business) ist die Unterstützung von Geschäftsprozessen durch Informations- und Kommunikationstechnologien und Informationssysteme, etwa das Internet und mobile Technologien. E-Commerce, eine Ausprägung des elektronischen Markts, ist ein Teilaspekt davon; im Zentrum steht hier der Handel von Produkten und Dienstleistungen über elektronische Medien. Auch zu E-Business gezählt werden die Bereiche E-Learning, E-Government, E-Health, E-Finance, E-Logistics und Cloud Computing, um nur wenige Anwendungsfelder zu nennen.

Für die Informationsethik ist z.B. von Relevanz, ob die Daten von Kunden missbraucht werden, oder ob Benutzer zum Abschluss von Verträgen und Kauf von Produkten verleitet werden, weil nur wenige Mausklicks zum Ziel führen oder attraktive Gamification-Elemente vorhanden sind. Auf Probleme kann auch technisch reagiert werden; so mag das System die Transaktion verweigern, wenn die AGB zwar akzeptiert wurden, sie aber in der Kürze der Zeit gar nicht gelesen werden konnten.

E-Demokratie

Elektronische Demokratie (E-Demokratie) ist die Unterstützung der Demokratie mit Hilfe von Informations- und Kommunikationstechnologien, Informationssystemen und neuen Medien. Sie kann von staatlichen Einrichtungen und von Parteien bzw. Politikern (E-Government) ebenso ausgehen wie von Netzbürgerinnen und -bürgern (direkte E-Demokratie wie bei E-Protest und indirekte E-Demokratie wie bei Onlinepetitionen). Internetwahlen (im Sinne von I-Voting) können ein Bestandteil der E-Demokratie sein. Die Informationsethik fragt etwa nach dem Verhältnis von E-Demokratie und digitalem Graben und nach der Möglichkeit der technischen Manipulation.

E-Government

Die Unterstützung von Prozessen bei Regierungsstellen und in der öffentlichen Verwaltung mit Hilfe von Informations- und Kommunikationstechnologien und Informationssystemen wird mit dem Begriff „E-Government" („Electronic Government") oder auch „Televerwaltung" bezeichnet. Ein wesentliches Element ist dabei der Einsatz elektronischer Medien im Verkehr zwischen Bürgern, Unternehmen und Privaten auf der einen und Einrichtungen der öffentlichen Hand auf der anderen Seite. Außerdem können die internen IKT-gestützten Prozesse der Regierung und der öffentlichen Verwaltung zum E-Government gezählt werden. Zu den Themen der Informationsethik gehört die Informationsfreiheit, die mit E-Government umgesetzt werden kann.

Elektronisches Publizieren

Elektronisches Publizieren (Electronic Publishing oder E-Publishing) ist die elektronische öffentliche oder halböffentliche Bereitstellung von textueller und auch visueller, auditiver und audiovisueller Information. Publiziert wird beispielsweise auf Datenträgern wie Compact Disc und USB-Stick, im World Wide Web (Web-Publishing) oder auch in der Form von E-Books. Viele Autoren – Wissenschaftler, Schriftsteller oder Journalisten – nutzen das Internet als direkten Vertriebskanal ihrer Erzeugnisse. Ferner gehören die Produktionen von intelligenten Maschinen zum elektronischen Publizieren (Robo-Content oder Robot-Content), auch im Rahmen des Roboterjournalismus.

Ein Problem beim elektronischen Publizieren ist, dass Dokumente ganz oder teilweise kopiert und von Unbefugten genutzt bzw. unter ihrem Namen verbreitet werden können. An Schulen und Hochschulen nehmen die Fälle des Raubs geistigen Eigentums zu, wenn dagegen nicht mit Hilfe von spezieller Software angekämpft wird, und im Internet sind Raubkopien von ganzen Büchern zu finden. Verletzungen des Urheberrechts sind inzwischen an der Tagesordnung. Zur eindeutigen Regelung der Rechte und Pflichten bzw. zur Durchsetzung der Bestimmungen werden mehr und mehr Creative-Commons-Lizenzen und das Digital Rights Management eingesetzt.

ELIZA

ELIZA wurde 1966 von Joseph Weizenbaum entwickelt. Sie gilt als Vorläufer von Chatbots und Sprachassistenten. Einerseits stellt sie auf der Basis von Aussagen des Benutzers dazu passende (Rück-)Fragen, andererseits formuliert sie diesem gegenüber, wenn sie Schlüsselwörter erkennt, Aussage- und Imperativsätze. Das Programm bestand den Turing-Test in der Weise, dass es von bestimmten Menschen als vollwertiger Gesprächspartner anerkannt und Vertrauen aufgebaut wurde. Weizenbaum war so erschrocken über diesen Umstand, dass er in der Folge zum Computerkritiker – oder Gesellschaftskritiker, wie er sich nannte – wurde.

Empörungsgesellschaft

Die Empörungsgesellschaft empört sich zu Recht oder zu Unrecht über Personen, Organisationen, Vorfälle, Verfahren und Zustände. Zu ihr gehört der Wutbürger, der Gutmensch, auch als Moralist, zudem der Netzaktivist. Im Internet wird der Sturm der Entrüstung (der Schwester der Empörung) zum Shitstorm.

Energiemanagement

Energiemanagement ist die Kombination aller Maßnahmen, die bei einer geforderten Leistung einen minimalen Energieeinsatz sicherstellen. Es bezieht sich auf Strukturen, Prozesse, Systeme und bauliche Gegebenheiten sowie auf menschliche Verhaltensweisen und -änderungen.

Ein Anliegen des Energiemanagements ist es, den privaten oder betrieblichen Energieverbrauch und den Verbrauch von Roh-, Hilfs- und Zusatzstoffen zu senken. Die Energieeffizienz im Privathaushalt und im Unternehmen soll nachhaltig verbessert werden. Um dies zu erreichen, wird die Wärmedämmung verbessert, die Heiztechnik erneuert und ein Energiemanagementsystem eingesetzt.

Energiemanagementsystem

Ein Energiemanagementsystem dient der systematischen Erfassung und Kommunikation der Energieströme und der automatischen Steuerung von Einrichtungen und Apparaten zur allgemeinen Optimierung und zur Verbesserung der Energieeffizienz. Es kann Smart Metering (intelligente Zähler) umfassen und als Smart Grid (intelligentes Stromnetz) umgesetzt sein. Insgesamt können cyber-physische Systeme eine Rolle spielen.

Zweck der Energiemanagementsysteme ist, mithilfe prozessualer und technischer Maßnahmen den privaten oder betrieblichen Energieverbrauch und den Verbrauch von Roh-, Hilfs- und Zusatzstoffen zu senken. Die Energieeffizienz im Haushalt und im Unternehmen soll – dies ist ein Ziel von Energiemanagement überhaupt – nachhaltig verbessert werden. Angestrebt wird eine bestmögliche Auslastung der Netze und Verteilung der Energie, auch wenn viele verschiedene Produzenten beteiligt sind.

Ein Energiemanagementsystem soll Vorgaben einzuhalten und Potenziale auszuschöpfen helfen. Beispielsweise muss die EU-Richtlinie zur Gesamtenergieeffizienz von Gebäuden berücksichtigt oder das Energie- und Stromsteuergesetz abgebildet werden können. Ein technisches System kann den Benutzer informieren respektive als adaptives System selbst auf Anforderungen und Veränderungen reagieren.

Aus Sicht des Umwelt- und Klimaschutzes und der Compliance sind Energiemanagementsysteme hilfreich, aus Sicht des Datenschutzes, des Verbraucherschutzes, des Wettbewerbsrechts und der Informationsethik problematisch, wenn Rückschlüsse auf Gewohnheiten und Präferenzen von Privathaushalten und die Produktivität und Auslastung von Firmen möglich sind.

Entscheidungsbaum

Entscheidungsbäume (engl. „decision trees") dienen der Repräsentation von Entscheidungsregeln und werden u.a. in der Betriebswirtschaftslehre, der Informatik und der Künstlichen Intelligenz (KI) verwendet. Sie besitzen Wurzelknoten sowie innere Knoten, die mit Entscheidungsmöglichkeiten verknüpft sind. Oft werden, ausgehend von einem beschriebenen Startpunkt, Fragen formuliert, auf welche die Antworten „ja" und „nein" lauten, wobei diese wiederum zu neuen Fragen führen, bis mehrere Optionen am Schluss erreicht werden. Als annotierte Entscheidungsbäume können Verzweigungsstrukturen mit zusätzlichen Informationen gelten, welche die Fragen herleiten und begründen.

Kaum benutzt werden Entscheidungsbäume für die Konzeption von moralischen Maschinen. Diese sind ein Gegenstand der Maschinenethik, die zwischen KI, Robotik, Informatik und Philosophie angesiedelt ist. Im Beitrag „Einfache moralische Maschinen: Vom Design zur Konzeption" wird demonstriert, wie man annotierte Entscheidungsbäume für die Umsetzung von speziellen Saugrobotern, Fotodrohnen und Roboterautos nutzen kann. Im Vordergrund stehen dabei Wohl, Unversehrtheit und Sicherheit von Tieren, da in diesem Bereich kaum Kontroversen vorhanden sind und moralische Maschinen ohne größere Risiken für den Menschen erprobt werden können.

Ethik

Die Ethik als Wissenschaft ist eine Disziplin der Philosophie und hat die Moral zum Gegenstand. Sie geht u.a. auf Aristoteles zurück („Nikomachische Ethik"); ihr Begriff stammt aus dem Griechischen. In der empirischen oder deskriptiven Ethik beschreibt man Moral und Sitte, in der normativen beurteilt man sie, kritisiert sie und begründet gegebenenfalls die Notwendigkeit einer Anpassung. In der normativen Ethik beruft man sich im abschließenden Sinne – so u.a. Otfried Höffe – weder auf religiöse und politische Autoritäten noch auf das Natürliche, Gewohnte oder Bewährte. Man kann in der Ethik auch auf die Moralität zielen und Grundbedingungen der Moral oder Diskrepanzen zwischen Haltung und Verhalten deutlich machen. Die Metaethik analysiert moralische Begriffe und Aussagen in semantischer Hinsicht oder vergleicht Modelle der normativen Ethik. Es kann in der Ethik nicht nur die Moral von Menschen (Ethik im engeren Sinne oder Menschenethik), sondern auch von Maschinen (Maschinenethik) thematisiert werden. Die angewandte Ethik gliedert sich in Bereichsethiken wie Medizinethik, Wirtschaftsethik, Technikethik und Informationsethik. Die theonome Ethik, die sich auf Gott beruft, gehört nicht zur Ethik als Wissenschaft. Umgangssprachlich wird auch eine mehr oder weniger systematische Beschäftigung mit Moral oder ein mehr oder weniger stabiles Denkgebäude zur Sitte, ohne wissenschaftlichen Anspruch, als Ethik bezeichnet.

Ethik-Ei

Das Ethik-Ei, das auch als Ethik-Dekagon in Erscheinung tritt, ist ein Versuch, die Stellung der Informationsethik zu visualisieren. Vorgestellt wurde es zuerst im Artikel „Die Medizinethik in der Informationsgesellschaft: Überlegungen zur Stellung der Informationsethik" (2013). Es zeigt, wie die verschiedenen Bereichsethiken an die Informationsethik heranrücken, mit dieser als Zentrum und Referenz. Es werden Beispiele der Schnittmengen aufgeführt, etwa – um auf den Zusammenhang zwischen Wirtschaftsethik und Informationsethik einzugehen – die Manipulation durch Suchmaschinen, Hochfrequenzhandel (High-frequency Trading) und virales Marketing. Hinzufügen könnte man viele weitere wie Wirtschaftsspionage mit Hilfe elektronischer Mittel und Monopolisierung bei IT-Unternehmen.

Die Schnittmengen entstehen durch die Diffusion der Informations- und Kommunikationstechnologien in die entsprechenden Bereiche. Es ist also – erneut mit Wirtschafts- und Informationsethik als Folie – die Wirtschaft des 20. und 21. Jahrhunderts mit Automatisierung durch Digitalisierung und Digitalisierung überhaupt, die eine neue Wirtschaftsethik ebenso notwendig macht wie deren Zuwendung zur Informationsethik. Dabei besitzen und behalten die Bereichsethiken in der Gegenwart unterschiedliche Perspektiven: Die Wirtschaftsethik interessiert sich für die Moral in der auf IKT und Informationssystemen basierenden und sich auf diese beziehenden Wirtschaft, die Informationsethik (und mit ihr die Technikethik) für die Moral der auf Wirtschaftlichkeitserwägungen und Ökonomieprinzipien basierenden Informationsgesellschaft.

Ethikkommission

Eine Ethikkommission beurteilt Forschungsvorhaben und Entwicklungsprojekte in moralischer, rechtlicher und gesellschaftlicher Hinsicht. Sie ist in einer Organisation (vor allem in größeren Unternehmen) angesiedelt oder berät – ähnlich wie die Einrichtungen für Technikfolgenabschätzung – die Politik. Häufig geht es um die Forschung an Lebewesen, an Menschen, Tieren und Pflanzen, oder um wichtige gesellschaftliche Fragen.

Ethikkommissionen sollen vor Imageschäden bewahren und vor Gefahren und Risiken für Leib und Leben sowie für die Umwelt warnen. Sie orientieren sich und arbeiten an ethischen Leitlinien. Der Deutsche Ethikrat widmet sich als nationale Ethikkommission den voraussichtlichen und möglichen Folgen für Individuum und Gesellschaft, die sich insbesondere auf dem Gebiet der Lebenswissenschaften und ihrer Anwendung auf den Menschen ergeben.

Anders als der Name suggeriert, sind in Ethikkommissionen die Ethiker meist in der Minderheit. Mitglieder sind mehrheitlich Naturwissenschaftler, Rechtswissenschaftler, Mediziner und Theologen. Damit kann kaum eine professionelle Ethik praktiziert, sondern allenfalls eine gewünschte Moral in einem vertrauten Fachgebiet propagiert werden. Der Einfluss von nationalen Ethikkommissionen wird durch rechtliche Rahmenbedingungen auf europäischer bzw. internationaler Ebene beschränkt.

Ethikunterricht

Ethikunterricht ist (Schul-)Unterricht zur Ethik, als Teil des Fachs Philosophie bzw. als Alternative und in Konkurrenz zum Fach Religion. Es fehlen qualifizierte, also in der Philosophie ausgebildete Lehrerinnen und Lehrer ebenso wie gegenwarts-, alltags- und jugendbezogene Curricula, mit Inhalten aus der Wirtschafts-, Medien- oder Informationsethik. Der Unterricht soll – so u.a. Otfried Höffe – eine wissenschaftlich fundierte Fachkompetenz vermitteln. Er kann auch moralische Kompetenz vermitteln; diese muss aber nicht zwangsläufig zu moralischem Handeln führen. Bei einem weiten Begriff kann die (Hochschul-)Lehre im Bereich der Ethik zum Ethikunterricht gezählt werden. Erteilt wird sie von Moralphilosophen und -ökonomen, ohne wissenschaftlichen Anspruch auch von Moraltheologen.

Ethische Begründungen

Ethische Begründungen bedienen sich nach Annemarie Pieper z.B. der logischen, diskursiven, dialektischen, analogischen und transzendentalen, also letztlich einer wissenschaftlich anerkannten und erprobten Methode. Moralische Begründungen müssen nicht wissenschaftlich, allenfalls plausibel sein. So kann man sich auf sein Gewissen berufen, ohne dass dieses genau bestimmbar und herleitbar wäre. Zu den ethischen Methoden gehören neben den Möglichkeiten der Begründung auch die Möglichkeiten der Beschreibung (analytische und hermeneutische Methode).

Ethische Leitlinien

Die Leitlinien der Gesellschaft für Informatik e.V. (GI) wurden am 13. Januar 1994 vom Präsidium der GI verabschiedet und am 16. Dezember 1994 von den Mitgliedern bestätigt. Am 29. Januar 2004 hat das GI-Präsidium die Ethischen Leitlinien nach eigenen Angaben in einer komplett überarbeiteten Version angenommen. Sie enthalten Vorschläge bzw. Regeln für „das Mitglied", „das Mitglied in einer Führungsposition" und „das Mitglied in Lehre und Forschung". Man kann auch von moralischen Leitlinien oder Moralkodizes sprechen.

In der Präambel der Leitlinien heißt es: „Das Handeln von Informatikerinnen und Informatikern steht in Wechselwirkung mit unterschiedlichen Lebensweisen, deren besondere Art und Vielfalt sie berücksichtigen sollen. Mehr noch sehen sie sich dazu verpflichtet, allgemeine moralische Prinzipien, wie sie in der Allgemeinen Deklaration der Menschenrechte formuliert sind, zu wahren. Diese Leitlinien sind Ausdruck des gemeinsamen Willens, diese Wechselwirkungen als wesentlichen Teil des eigenen individuellen und institutionellen beruflichen Handelns zu betrachten."

Die Ethikrichtlinien der Schweizer Informatik Gesellschaft (SI) wurden durch die Generalversammlung vom 25. November 2005 verabschiedet. Das Ziel der Richtlinien sei es, jedem einzelnen in einem Informatikberuf tätigen Menschen Maßstäbe für persönlich verantwortliches Handeln zu vermitteln. Konkret soll man z.B. „Fachkompetenz erwerben und durch stetiges Lernen erweitern" sowie „unnötige und unkontrollierbare Komplexität vermeiden". Von der Österreichischen Gesellschaft für Informatik, dem Zweigverein der Österreichischen Computer Gesellschaft (OCG), sind keine Moralkodizes bekannt.

Ethos

Das Ethos ist die moralische Einstellung oder die sittliche Gesinnung einer Person, einer Gruppe oder einer Gesellschaft. In seiner ursprünglichen Wortbedeutung ist es der gewohnte Ort des Lebens. Otfried Höffe folgend waren Moral und Sitte als Ethos ursprünglich die ungeschiedene Einheit vom Guten, Geziemenden und Gerechten. Nach Rainer Kuhlen ist das Ethos der Informationsgesellschaft das Internet. Oder der Cyberspace, wie man sagen könnte, der mobile Netze, Geräte und Apps beinhaltet und der sich mit deren Hilfe – man denke an 2D- und 3D-Codes sowie Augmented Reality – die physische Welt einverleibt.

Evaluation

Unter Evaluation versteht man die Bewertung eines Gegenstands, einer Maßnahme oder einer Person. Es werden hierfür systematisch Daten gesammelt und analysiert, um die Zielerfüllung oder Nutzen und Wirkung zu beurteilen. Evaluationen werden häufig im Rahmen der Qualitätssicherung durchgeführt und dienen der Sicherstellung, Verbesserung oder Anpassung der Qualität eines Gegenstands oder einer Maßnahme bzw. der Verbesserung von Aktivitäten. Organisationen aller Art können aus ethischer Perspektive evaluiert werden. Dabei werden vor allem Instrumente der Wirtschaftsethik und Ideen aus dem Bereich der Corporate Social Responsibility genutzt. Die Evaluation ist auch in der Mensch-Computer-Interaktion von Relevanz.

Evangelist

Der Evangelist oder Technology Evangelist ist sozusagen ein Technikmissionar. Er versucht andere für Informations- und Kommunikationstechnologien zu begeistern und sucht dafür Plattformen und Veranstaltungen aller Art auf. Seine eigene Begeisterung kennt keine Grenzen, nicht einmal des guten Geschmacks. Der Evangelist ist Angestellter oder – noch besser – Kunde eines Unternehmens.

Face-to-face

Der englische Begriff „face-to-face" (häufig auch „ftf" oder „f2f" geschrieben) bedeutet „von Angesicht zu Angesicht", „persönlich" oder „direkt". Er soll ausdrücken, dass in einem Raum oder einer Umgebung zwei oder mehr Menschen anwesend sind und sich gegenseitig sehen bzw. unmittelbaren Kontakt zueinander haben.

Obwohl durch Videokonferenzen oder Chats ein ähnlicher räumlicher Kontext und ein vergleichbarer Bezug zwischen Personen hergestellt werden kann, spricht man in diesen Fällen nicht von „face-to-face". Vielmehr werden unter Face-to-face-Veranstaltungen ausschließlich Präsenzveranstaltungen verstanden.

Fahrerassistenzsystem

Fahrerassistenzsysteme (FAS) – im Englischen „advanced driver assistance systems (ADAS)" – unterstützen den Lenker von Kraftfahrzeugen und übernehmen in bestimmten Fällen seine Aufgaben. Es handelt sich mehrheitlich um Computersysteme, die mit Ein- und Ausgabegeräten gekoppelt sind und Zugriff auf manche Komponenten und Funktionen der Fahrzeuge haben. In der Regel sind die Technologien integriert, im Sinne fest verbauter Hardware mit eingebetteter Software. Es gibt aber auch Ansätze, die Anzeige und die Sensorik auszulagern bzw. mobil zu machen, über Smartphones und Datenbrillen.

Ziele des Einsatzes von FAS sind Erhöhung der Fahrsicherheit, Steigerung des Fahrkomforts und Verbesserung der Effizienz (z.B. durch Senkung des Verbrauchs). Viele Systeme sind so konzipiert, dass der Fahrer das System temporär deaktivieren kann, sodass eine manuelle Steuerung bzw. eine individuelle Anweisung möglich und nötig wird. Dies hat nicht zuletzt haftungs- und sicherheitstechnische Gründe. Manche Systeme substituieren frühere Funktionen respektive erlauben neue. Bei Systemen für Flugzeuge und Schiffe sind teils ähnliche, teils andersartige Ziele vorhanden.

Beispiele für Fahrerassistenzsysteme sind Antiblockiersystem (ABS), elektronisches Stabilitätsprogramm (ESP), Lichtautomatik, Scheibenwischerautomatik, Verkehrszeichenerkennung, elektrische Feststellbremse, Bremsassistent, Notbremsassistent, Stauassistent, Baustellenassistent, Spurwechselassistent, Spurwechselunterstützung, Intelligent Speed Adaption, Abstandsregeltempomat, Abstandswarner, Reifendruckkontrollsystem und Einparkhilfe. Wichtig für die Systeme sind Sensoren im und am Fahrzeug, aber auch Signale und Informationen aus der Umgebung.

Die Integration von Systemen und Sensoren ist elementar für den erfolgreichen Betrieb von selbstständig fahrenden Autos, die als Prototypen durch die Städte und Landschaften fahren und umgangssprachlich als Roboterautos bezeichnet werden. Diese nehmen dem Fahrer (bzw. dem Insassen) bestimmte oder sogar sämtliche Aktionen im Straßenverkehr ab. Sie sollen ihn entlasten bzw. ersetzen, den Verkehr optimieren und das Unfallrisiko minimieren. Ein Verkehr, der von selbstständig fahrenden Autos geprägt wird, ist vorerst eine Vision, allerdings eine, die die Entwicklung von weiteren FAS vorantreibt und befruchtet. Längst Realität ist die Forschung von Technik- und Informationsethik sowie der Maschinenethik in diesem Bereich.

Fake

Ein Fake ist nach der Bedeutung im Englischen eine Fälschung, eine Täuschung, eine Attrappe, oder ein Hochstapler bzw. ein Simulant (im Deutschen auch Faker genannt). Eine Fake-Identität im Internet kann in betrügerischer Absicht oder zum Schutz der informationellen Autonomie angenommen werden. Ein Fake-Account dient dem Ausspionieren, dem Trollen, dem Rollenspiel oder auch dem Absetzen von negativen oder positiven Bewertungen und Kommentaren mit dem Ziel der Manipulation, etwa bei touristischen Portalen und journalistischen Angeboten. Die (Netz-)Kunst macht sich das Phänomen in vielerlei Hinsicht zunutze.

Feedback

Feedback ist die Rückmeldung zum Verhalten, zu den Leistungen oder auch zu den Fragen einer Person durch eine andere oder ein Informationssystem bzw. eine Lernanwendung. Die Betroffenen sollen Stärken und Schwächen ihrer Aktionen erkennen und in die Lage versetzt werden, sich selbst zu beurteilen.

Sowohl Menschen als auch Maschinen können demnach Feedback geben. Die Frage ist, wer wodurch in welcher Weise motiviert oder demotiviert wird, auch mit Blick auf das moralische Verhalten. Feedback gegenüber Maschinen zur Verbesserung ihrer Moral ist Thema der Maschinenethik.

Feigenblattethik

In nicht wenigen Unternehmen und Verbänden – auch im Bereich der Informationstechnologie – ist die Beschäftigung mit der Moral eine Alibiübung. Berufliche und sittliche Vorschriften, gerne ethische Leitlinien und Ethikkodizes oder besser moralische Leitlinien und Kodizes genannt, werden zur Schau getragen. An Hochschulen kann sich die Ethik zum Feigenblatt auswachsen, das strukturelle und inhaltliche Schwächen der eigenen oder einer anderen Institution – etwa wenn man dort beratend tätig ist – verdeckt. In der Schöpfungsgeschichte bedeckt das Feigenblatt die Scham. Keine Scham kennen Firmen und Verbände bei ihrer Feigenblattethik, die eigentlich eine Feigenblattmoral ist.

Filter Bubble

Der Begriff der Filter Bubble meint die Personalisierung bei Websites und Apps mit Hilfe von Algorithmen, die den Informationsbedarf des Benutzers voraussagen und entsprechende Seiten, Texte und Bilder (nicht) aufrufen bzw. ein- oder ausblenden. Eli Pariser hat den Begriff in seinem Buch „The Filter Bubble: What the Internet Is Hiding from You" von 2011 (dt. Titel „Filter Bubble: Wie wir im Internet entmündigt werden", publiziert 2012) geprägt. Verwandt ist der Begriff der Informationsblase.

Die Filter Bubble ist ein typisches Phänomen sozialer Netzwerke. Diese neigen dazu, einen „ideologischen Rahmen", wie Pariser es in seinem Buch nennt, zu schaffen, ein informationelles Gefängnis. Die Algorithmenethik kann sich mit der Moral der Algorithmen beschäftigen oder – in anderer Ausprägung – mit den Auswirkungen solcher Einschränkungen auf das Wohl, die Entwicklung und die Entscheidungsfreiheit des Menschen.

Freiheit

Die Freiheit ist eine Idee, die die körperliche oder geistige Ungebundenheit von Individuen, Gruppen oder Gesellschaften meint. Nach Annemarie Pieper besteht die eigentliche moralische Leistung in der Setzung eines Ziels aus Freiheit und um der Freiheit willen. Für die Selbstbestimmung des Willens verwendet Immanuel Kant den Begriff der Autonomie. Dieser hat in der Informationsgesellschaft eine schillernde Bedeutung erlangt. Die Informationsfreiheit meint den freien Zugang zur textuellen, visuellen oder auditiven Information. Die Panoramafreiheit ist das Recht, fotografisch und filmisch ein Panorama mitsamt Gebäuden und Kunstwerken einzufangen. Die Meinungsfreiheit sollte im Rechtsstaat gewährleistet sein und kann über soziale Medien und eigene Websites und Plattformen in Text und Bild ausgedrückt werden.

Futurologie

Die Futurologie erforscht, wie der Name sagt, die Zukunft, vor allem technische, wirtschaftliche, politische und gesellschaftliche Entwicklungen. Sie liefert wissenschaftlich fundierte Prognosen oder gefällt sich in der Skizze einer Utopie. Der Begriff geht auf den Rechts- und Politikwissenschaftler Ossip K. Flechtheim zurück.

Gamification

Gamification (engl. „game": „Spiel") ist die Übertragung von spieltypischen Elementen und Vorgängen in spielfremde Zusammenhänge. Einer der Ursprünge liegt in der Verhaltenstherapie der 1960er-Jahre. Man belohnte die Probanden für ihr adäquates Verhalten mit Tauschgegenständen (Token). Weitere Vorläufer sind Rabattmarken, Sammelbilder und Bonusmeilen sowie andere Marketingmaßnahmen. Gamification wird im Lernbereich genauso eingesetzt wie im Straßenverkehr (Smileys zur Belohnung bzw. Bestrafung bei angepasster oder überhöhter Geschwindigkeit). Die Informationsethik untersucht die Möglichkeiten der Motivation und Manipulation durch Spielifizierung, wie das Phänomen auch genannt wird.

Generation Y

Die Angehörigen der Generation Y (Gen Y) waren zur Jahrtausendwende im Teenageralter. Deshalb werden sie auch Millennials genannt. Ein älterer Begriff ist „Digital Natives", der allerdings, wie die speziellere Bezeichnung „Generation Porno", auf jede Generation seit diesem Zeitpunkt zutrifft. Die Generation Y ist als erste mit dem voll entwickelten World Wide Web und hosentaschengroßen Handys aufgewachsen. Die technische und mediale Affinität kann mit politischem Interesse zusammengehen, wie im Falle der Occupy-Wall-Street-Bewegung, deren Aktionen über Mundpropaganda und Social Networks initiiert wurden.

Generation Z

Die Generation Z mit ihren Jahrgängen ab 2000 folgt auf die Generation Y. Sie ist mit dem Web 2.0 und mit dem Smartphone aufgewachsen. Große Bedeutung misst sie sozialen Netzwerken, Foto- und Videoplattformen, synchronen und asynchronen Kommunikationsdiensten sowie der Sharing Economy zu. Man kann sie auch als Generation Sexting oder Generation Selfie bezeichnen.

Geschichte der Informationsethik

Schon bei Joseph Weizenbaum gibt es informationsethische Überlegungen. Der deutsch-amerikanische Informatiker entwickelte in den 1960er-Jahren die berühmte ELIZA und wurde angesichts der Nutzung des Dialogprogramms zum Computer- oder Gesellschaftskritiker, wovon auch sein Buch „Computer Power and Human Reason: From Judgement to Calculation" von 1976, dt. „Die Macht der Computer und die Ohnmacht der Vernunft" von 1978 beredtes Zeugnis ablegt. In den 70er-, 80er- und 90er-Jahren des 20. Jahrhunderts bildeten sich verschiedene Formen von Netz- und Computerethik heraus. Zudem begann sich die klassische Medienethik den neuen Medien zuzuwenden. Rainer Kuhlen – nicht zuletzt mit seinem Lehrbuch „Informationsethik" – und Rafael Capurro prägten im deutschsprachigen Raum ab den 1990er-Jahren den Begriff der Informationsethik. Im englischsprachigen Raum etablierten sich die Bezeichnungen „information ethics" und „computer and information ethics", und es wurden u.a. die Monografien von Luciano Floridi („The Ethics of Information" von 2013 und „The Fourth Revolution: How the Infosphere is Reshaping Human Reality" von 2014, dt. „Die 4. Revolution: Wie die Infosphäre unser Leben verändert", erschienen 2015) zur Kenntnis genommen.

Gläserner Bürger

Der gläserne Bürger ist ein Mensch, der als mündiges Mitglied der Informationsgesellschaft unfreiwillig persönliche Daten sowie Interaktionsdaten aller Art an staatliche oder andere Stellen übermittelt. Durch die Aggregation der Daten entstehen aufschlussreiche Profile. Durch Small und Big Data sind einzelne Bürger in ihrer informationellen Autonomie gefährdet und können gesellschaftliche Gruppen und Strukturen durchleuchtet werden.

Gläserner Patient

Der gläserne Patient, ob Kind, Jugendlicher oder Erwachsener, ist für Ärzte, Krankenkassen und Behörden durchschau- und einschätzbar, was Krankheit und Gesundheit, Risiken der Versicherung sowie Kosten für die Allgemeinheit anbetrifft, wobei seine informationelle Autonomie gefährdet und die Intaktheit von Privat- und Intimsphäre in Frage gestellt ist.

Gleichgewicht der Namen

Das Gleichgewicht der Namen geht auf Artikel zur Netiquette 2.0 (2010) und das Buch „Die Rache der Nerds" (2012) zurück. Es wird vorgeschlagen, dass ein Benutzer im virtuellen Raum grundsätzlich anonym unterwegs sein kann, aber dann seinen eigenen Namen nennt, wenn er den Namen von anderen fallen lässt, von Personen und Organisationen. Ein Ungleichgewicht der Namen soll insbesondere in Rechtsstaaten vermieden werden, wo prinzipiell Meinungsfreiheit besteht und man nicht ohne weiteres mit schweren Sanktionen rechnen muss.

Glück

Es ist nach Annemarie Pieper eine unbezweifelbare Tatsache, dass jeder Mensch von Natur aus danach strebt, glücklich zu werden, was man auch immer für sein Glück halten mag. Die Ethik habe dieses Streben zu problematisieren, um herauszufinden, ob und wie es moralisch zu rechtfertigen ist. Das Glück in der Informationsgesellschaft kann darin bestehen, dass man Zugang zur Information hat und dass man über das Internet bzw. über Geräte kommunizieren und interagieren kann. Bei Personen, die im Berufs- und Privatleben aufgrund ihrer Herkunft, ihres Aussehens oder ihrer Art diskriminiert werden, kann ein Glücksgefühl entstehen, wenn sie in virtuellen Räumen unter Bevorzugung textueller Mittel mit anderen auf gleicher Augenhöhe diskutieren und kooperieren. Für ihre virtuelle Identität mögen Avatare und Fakes eine Rolle spielen.

GOODBOT

Im GOODBOT-Projekt, initiiert 2013 an der Hochschule für Wirtschaft FHNW von Oliver Bendel, geht es darum, einen Chatbot so zu verbessern, dass er in bestimmten Situationen (z.B. wenn der Benutzer psychische Probleme hat) möglichst angemessen reagiert. Der Bot soll in gewissem Sinne gut sein, seine Absichten sollen gut sein, seine Verhaltensweisen. Dem Benutzer soll es bei der Unterhaltung gut gehen – oder sogar besser als vorher.

Der GOODBOT wird als einfache moralische Maschine aufgefasst. Wichtig sind Funktionen wie Abfrage von Grunddaten des Benutzers und mehrstufige Eskalation – je mehr Hinweise der Benutzer darauf gibt, dass es ihm schlecht geht, desto mehr ist der GOODBOT bemüht, ihm zu helfen. Je mehr Wörter oder Satzteile im Gespräch vorkommen, die auf seelische Not oder einen geplanten Suizid hindeuten, desto eher wird der GOODBOT eine Notfallnummer nennen bzw. den Betroffenen dazu ermuntern, menschliche Hilfe zu holen.

Green IT

Mit dem Schlagwort „Green IT" werben Lobbyverbände, Umweltministerien und Umweltschutzorganisationen dafür, alte Stromfresser durch neue, energiesparende Hardware zu ersetzen. Auch die Optimierung von Rechenzentren gehört dazu, zudem die umweltfreundliche Produktion und das Recycling von Computern, Tablets, Handys etc.

Greenwashing

Greenwashing ist der Versuch, Personen oder Organisationen ein positives Image zu verpassen, indem man ihr Engagement für Umweltschutz, körperliche Gesundheit und fairen Handel bzw. gegen Hunger und Armut überbetont oder sogar fälschlicherweise behauptet. In der Regel steuert eine PR-Abteilung oder ein Spin Doctor die Kampagnen. Verwandt mit dem Greenwashing ist die Schönfärberei, und wenn man sich reinwäscht oder sich ein grünes Mäntelchen umhängt, ist man ebenfalls in seiner Nähe. Green IT kann die Energieeffizienz verbessern, von Elektronikgeräten und Rechenzentren, aber auch Greenwashing sein. Die Informationsethik untersucht in diesem Kontext die moralischen Versprechungen und Verfehlungen der IT-Unternehmen.

Gute, das

Das Gute und das Böse sind nach Annemarie Pieper in ursprünglicher Bedeutung Qualitäten eines sich selbst (zur Freiheit bzw. zur Unfreiheit) bestimmenden Willens. Eine Handlung sei nicht an sich gut oder böse (bzw. schlecht), sondern in Bezug auf den Willen, aus dem sie hervorgegangen ist. Die Idee des Guten wird in der Informationsgesellschaft von tausenden Gruppierungen im Netz beansprucht, die unterschiedlichste Vorstellungen davon haben. Auch in Bezug auf die Offlinewelt wird gestritten, etwa ob Sicherheit oder Freiheit wichtiger sei und Überwachung in den Straßen und Gebäuden ein probates Mittel zur Herstellung von Sicherheit.

Hacker

Ein Hacker dringt über Netzwerke in Computer ein, um zu spielen und zu experimentieren, um auf Schwachstellen hinzuweisen, um Daten abzuziehen und Informationen einzusehen oder um Geräte und Fahrzeuge zu übernehmen. Zu unterscheiden ist zwischen White-Hat-, Grey-Hat- und Black-Hat-Hackern. Die White-Hats wollen aufzeigen, dass es keine hundertprozentige Sicherheit in Netzen und bei Computern gibt. Sie halten sich in der Regel an die bestehenden Gesetze und die Hackerethik (bzw. Hackermoral) und suchen mit oder ohne Auftrag nach Sicherheitslücken, wodurch sie für Gesellschaft und Wirtschaft wertvolle Beiträge leisten. Die Grey-Hats können gesetzestreu, aber auch -widrig handeln. Sie wollen nicht nur ihre Vorstellung von Informationsfreiheit verbreiten, sondern diese so stark wie möglich ausweiten, selbst wenn sie die Freiheit von anderen verletzen. Sie handeln in eigenem oder mit fremdem Auftrag. Die Black-Hats, auch Cracker genannt, besitzen kriminelle Energie. Sie suchen und finden ebenfalls Sicherheitslücken, wollen diese aber bewusst ausnutzen und dabei fremde Systeme beschädigen. Sie schielen nicht nur nach Ruhm, sondern auch nach Geld, weniger nach schnödem Lohn als vielmehr nach fürstlicher Entlohnung. Sie hacken sich im Auftrag in Atomkraftwerke oder in Herzschrittmacher und lösen einen allgemeinen oder persönlichen GAU aus.

Hackerethik

Die Hackerethik, eigentlich ein (teilweise moralischer) Kodex, stammt aus dem Buch „Hackers" von Steven Levy aus dem Jahre 1984 und versammelt Werte wie Freiheit und Kooperation sowie Empfehlungen zum Umgang zwischen Hackern und mit Computern und Netzwerken. Auch programmatische Aussagen finden sich dort: „Computer können benutzt werden, um Kunst und Schönheit zu schaffen." Weiterentwicklungen der Hackerethik sind u.a. vom Chaos Computer Club bekannt.

Hashtag

Ein Hashtag (engl. „hash": „Rautezeichen") ist ein Schlagwort, das in Microblogs und Social Networks eingesetzt wird. Auf das Rautezeichen folgt ein Begriff, ein Akronym oder eine zusammengeschriebene Wortfolge. Klickt man den Hashtag an, bekommt man alle Posts angezeigt, die damit verschlagwortet wurden.

Bekannt wurden im deutschsprachigen Raum #aufschrei (seit 2013) und #hotpantsverbot (2015). Mit beiden Hashtags wurde gegen Sexismus protestiert, mit dem einen nach einer Äußerung des FDP-Politikers Rainer Brüderle gegenüber einer Journalistin („Sie können ein Dirndl auch ausfüllen."), mit dem anderen nach einer Ankündigung eines Hotpantsverbots an einer deutschen Schule. Für Furore sorgten 2015 auch Anzeigen gegen Blogger wegen Verdachts auf #Landesverrat.

Bei @Infoethik werden Tweets mit Hashtags wie #Ethik, #Informationsethik, #Technikethik, #Maschinenethik, #Wirtschaftsethik, #Tierethik und #Wissenschaftsethik verschlagwortet. Daneben finden sich #Religionskritik und #Geschlechterforschung sowie #Medienkompetenz. Die Informationsethik untersucht Gebrauch und Missbrauch von Hashtags bei der Demonstration von Macht und Ohnmacht.

Hilfefunktion

Eine Hilfefunktion bietet Hilfe bei der Bedienung eines Programms bzw. eines Informationssystems. Es kann sich um einen Index handeln, in dem der Benutzer nach Stichworten sucht, oder um Assistenten bzw. Agenten, die Rede und Antwort stehen und Probleme lösen helfen. Die Hilfe wird automatisch angeboten oder aktiv vom Anwender nachgefragt. Wichtig ist, dass die Hilfefunktion niemanden ausschließt und vollständige Informationen liefert, dass sie verlässlich – etwa wahrheitsliebend und fehlerfrei – ist und dass sie den Benutzer nicht beleidigt oder diskriminiert.

Hoax

Ein Hoax ist eine Falschmeldung oder -information, die in klassischen Medien (als Zeitungsente) oder im Internet auftaucht und mündlich oder schriftlich (vor allem über soziale Medien) verbreitet wird. Die Verursacher wollen, passend zur Wortbedeutung, Schabernack treiben oder aber Schaden anrichten. Hoaxes können auch eine Form der Kunst sein, wie auf Wikipedia, wo Tierarten und Personen öffentlichen Interesses erfunden werden.

Human Enhancement

Human Enhancement dient der Erweiterung der menschlichen Möglichkeiten und der Steigerung menschlicher Leistungsfähigkeit, letztlich also – aus Sicht der Betroffenen und Anhänger – der Verbesserung und Optimierung des Menschen. Ausgangspunkt sind kranke oder gesunde Menschen, die mit Wirkstoffen, Hilfsmitteln und Körperteilen versorgt und mit Technologien verbunden werden. Die Bewegung des Transhumanismus, von der in diesem Kontext häufig die Rede ist, propagiert die selbstbestimmte Weiterentwicklung des Menschen mithilfe wissenschaftlicher und technischer Mittel. Einerseits sieht man sich in der Tradition des Humanismus, andererseits erklärt man dessen Überwindung zum Ziel, insofern der Zustand des Natürlichen zurückgelassen und der Ausbau des Künstlichen vorangetrieben werden soll. Ein Beispiel für die Weiterentwicklung ist der Umbau zum Cyborg. Dieser, Gegenstand zahlreicher Science-Fictions, ist inzwischen in der Realität angekommen, vor allem als Verschmelzung von Mensch (oder Tier) und Maschine.

Einteilen kann man in Verfahren, die auf die körperliche und die geistige Erweiterung abzielen. Dabei ist nicht immer eine klare Abgrenzung möglich. Zu unterscheiden ist zudem zwischen bestehenden, sich entwickelnden und geplanten Technologien, ferner zwischen restaurativen, therapeutischen und nichttherapeutischen Methoden. Zu den bestehenden Disziplinen und Prozeduren gehören in Bezug auf die körperliche

Erweiterung Schönheitschirurgie, Doping, Prothetik, Implantation und Transplantation. Die Schönheitschirurgie widmet sich fast allen Gesichtsbereichen und Körperregionen. Man entfernt, ersetzt, strafft, saugt ab und baut auf (plastische Chirurgie). Doping dient der Leistungssteigerung durch Substanzen wie Anabolika. Die moderne Prothetik bringt erweiterte Computersysteme bzw. zu integrierende Roboter hervor. Unter den sich entwickelnden und konzeptionellen Technologien ist das Exoskelett, eine steuerbare Apparatur, die am Körper getragen wird. Es liegen zwar Einzelanfertigungen und Prototypen vor, aber ausgereifte Produkte sind noch Mangelware, von medizinischen Stützstrukturen (Orthesen) abgesehen. In Bezug auf die geistige Erweiterung sind bestehende (teils noch prototypische) Computertechnologien zu nennen, die ständig mitgeführt werden, wie Smartphones, Smartwatches und Datenbrillen. In diesem Kontext wird Augmented Reality immer wichtiger, die mithilfe von Computern erweiterte Wirklichkeit. Sich entwickelnde Technologien sind Gehirn-Computer-Kopplung und Gehirntransplantate. Zu den konzeptionellen Technologien ist die „whole brain emulation" (engl.) – auch engl. „mind uploading" genannt – zu zählen sowie der Exocortex, ein künstliches externes Informationsverarbeitungssystem.

Human Enhancement hat Anhänger und Gegner aus verschiedenen Lagern. Die Erweiterung und Verbesserung des Menschen kann von Medizin, Künstlicher Intelligenz (KI), Robotik und Informatik betrieben werden. Verschiedene Bereichsethiken behandeln Chancen und Risiken in moralischer Hinsicht. In der Informationsethik interessiert, ob durch die (Nicht-)Verfügbarkeit von Optionen die Informationsgerechtigkeit in Frage gestellt und ob durch die Integration von Chips und die Verwendung von Hightech-Prothesen die Autonomie des Menschen (auch seine informationelle Autonomie) eingeschränkt oder erweitert wird. Die Technikethik reflektiert die Positionen des Transhumanismus und dessen Postulate einer Transformation. Die Maschinenethik – als Pendant zur Menschenethik – untersucht, ob die neuen Bestandteile des Menschen, wie Prothesen oder Exoskelette, selbst moralische Entscheidungen treffen können und müssen. Human Enhancement wird für die Wettbewerbsfähigkeit von Gesellschaften und Individuen von entscheidender Bedeutung sein. Damit Menschen- und Tierwürde nicht verletzt und Manipulation und Instrumentalisierung von Körper bzw. Geist nicht zur unhinterfragten Norm werden, bedarf es moralischer und ethischer Diskussionen (auch aus der Wirtschaftsethik heraus) ebenso wie rechtlicher Anpassungen.

Hybride Publikationsformen

Hybride Publikationsformen sind vornehmlich von Zeitungen und Zeitschriften bekannt. Entsprechende Bücher gibt es (abgesehen von der Bestückung mit CDs und DVDs) kaum, obwohl sich Ideen für Umsetzungen geradezu aufdrängen. Hybride Publikationsformen sind etwa solche, bei denen gedruckte Seiten mit digitalen Informationen verbunden werden. Zur Verlinkung auf Ressourcen und Speicherung von Daten können Codes (von 1D-Codes über 2D-Codes bis hin zu 3D- und 4D-Codes) dienen.

In den wenigen bekannten Buchprojekten wurden z.B. statt der Fußnoten und des Index QR-Codes mit Links auf Onlineressourcen präsentiert („Die Rache der Nerds" von 2012). Auf diese Weise gelang es, die Druckkosten zu senken und den Traffic zu erhöhen. In einem anderen Projekt wurden Gedichte nicht nur in Textform, sondern auch als QR-Codes abgedruckt, damit man sie jederzeit auf dem Handy verfügbar hatte und bequem weiterschicken konnte („handyhaiku" von 2010), in einem weiteren Passagen des Romans „The World In 80 Days" von Jules Verne ins Virtuelle erweitert, nämlich mit Karten, Fotos und Videos verknüpft.

Hypertext

In Hypertexten werden Informationen vernetzt organisiert und repräsentiert. Es werden vor allem neue Medien zur Umsetzung verwendet. Ein Hypertext setzt sich aus Informationseinheiten, den sogenannten Knoten, und den Verbindungen zwischen diesen Knoten, den Links, zusammen. Die Informationseinheiten sind meist in eine Netz-, Baum- oder Gitterstruktur gebracht, in manchen Fällen indes linear angeordnet.

Eine hypertextuelle Darstellung von Information bietet sich immer dann an, wenn Inhalte sowohl umfangreich als auch heterogen sind. Das World Wide Web ist als Hypertext organisiert, wie auch viele Lernprogramme. Wenn der Hypertext gemeinsam mit Multimedia eingesetzt wird, enthalten die Knoten nicht nur Text, sondern ebenso Grafiken, Video oder Audio (Hypermedia).

Manche Experten glauben, dass Hypertextstrukturen mit den Hirnstrukturen in gewisser Weise korrespondieren und besonders effizient und effektiv verarbeitet werden können. Andere gehen davon aus, dass das Gehirn nicht nur in der Lage ist, lineare Texte selbst in einfachere Einheiten zu zerlegen, sondern dass auf diese Weise auch Inhalte besser verstanden und behalten werden.

Identität

Die Identität eines Menschen besteht aus seinen Merkmalen und Verhaltensweisen, seiner Selbst- und Fremdwahrnehmung sowie ihn kennzeichnenden Daten wie Name, Geburtsdatum und Identifikationsnummer. Bekannte können die Identität direkt feststellen, durch Betrachtung oder Gespräch, Fremde indirekt, durch Prüfung eines Ausweises (im Sinne eines Identitätsdokuments) oder biometrischer Merkmale.

Im Internet ist es einfach, die Identität zu wechseln. Benutzer nehmen ein Pseudonym an, gefallen sich als Fakes, schlüpfen in Charaktere, machen Rollenspiele und leben ihre Sehnsüchte aus. In manchen Fällen täuschen und verletzen sie andere. Mit der digitalen Identität, generiert mit Hilfe von entsprechenden Karten, Geräten und Systemen (wie Identitätsmanagementsystemen), versucht man der Beliebigkeit entgegenzuwirken und Verlässlichkeit herzustellen.

Die Informationsethik untersucht, wie sich Identitäten im virtuellen Raum bilden und verändern und wie sich das moralische Gefüge dabei verhält, auch im Falle der digitalen Identität; zudem widmet sie sich sittlichen Problemen, die sich durch Identitätstäuschung und -missbrauch ergeben.

Industrie 4.0

„Industrie 4.0" ist ein Marketingbegriff, der auch in der Wissenschaftskommunikation verwendet wird, und steht für ein „Zukunftsprojekt" (so die Hightech-Strategie-Website) der deutschen Bundesregierung. Die sogenannte vierte industrielle Revolution, auf welche die Nummer verweist, zeichnet sich durch Individualisierung (selbst in der Serienfertigung) bzw. Hybridisierung der Produkte (Kopplung von Produktion und Dienstleistung) und die Integration von Kunden und Geschäftspartnern in Geschäfts- und Wertschöpfungsprozesse aus. Wesentliche Bestandteile sind eingebettete Systeme sowie teilautonome und autonome Maschinen, die sich ohne menschliche Steuerung in und durch Umgebungen bewegen und selbstständig Entscheidungen treffen, und

Entwicklungen wie 3D-Drucker. Die Vernetzung der Technologien und mit Chips versehenen Gegenstände resultiert in hochkomplexen Strukturen und cyber-physischen Systemen (CPS) bzw. im Internet der Dinge.

Neben der Fabrikation gehören Mobilität, Gesundheit sowie Klima und Energie zu den strategisch wichtigsten Anwendungsfeldern der Industrie 4.0. Damit spielt eine hochmoderne, roboterbasierte Fahrzeugproduktion (Smart Factory und Smart Production) ebenso eine Rolle wie die Weiterentwicklung und Vernetzung von Fahrerassistenzsystemen und selbstständig fahrenden Autos, die Daten sammeln und an Werkstätten und Hersteller schicken. Operations-, Pflege-, Therapie- und allgemein Serviceroboter ergänzen menschliche Fachkräfte. Sie sind besonders präzise respektive ausdauernd und können rund um die Uhr relevante Informationen auswerten. Die elektronische Patientenakte erspart Redundanzen in der Behandlung und kann für automatisierte Benachrichtigungen eingesetzt werden, und auch medizinische Smartwatches, intelligente Pillen und die individualisierte Medizin eröffnen neue Perspektiven. Smart Grid revolutioniert das Energiemanagement und verbindet kleine und große Energieversorger und unterschiedlichste -systeme.

Als Marketingbegriff entzieht sich „Industrie 4.0" – wie „Web 2.0" und „Web 3.0" – ein Stück weit einer wissenschaftlichen Präzisierung. Die Frage ist, was man zur Industrie zählt, was als Industrialisierung bezeichnet werden und ob Industrialisierung (die mit Kommerzialisierung verbunden sein mag) ein wertendes Konzept bedeuten kann. Vorteilhaft sind u.a. Anpassungs- und Wandlungsfähigkeit, Ressourceneffizienz, Verbesserung von Ergonomie und Erhöhung von (bestimmten Formen der) Sicherheit. Nachteilig ist, dass die komplexen Strukturen der Industrie 4.0 hochgradig anfällig sind. Autonome Systeme können sich falsch entscheiden, entweder weil sie unpassende Regeln befolgen oder Situationen und Vorgänge unkorrekt interpretieren. Sie können Menschen verletzen und Unfälle verursachen, was die soziale Robotik allerdings gezielt zu bekämpfen versucht. Automatisierte Entscheidungen in moralischer Hinsicht, mithin die damit zusammenhängenden Probleme, sind Thema der

Maschinenethik. Die Informationsethik beschäftigt sich damit, dass die Systeme manipuliert und gehackt, dass sie falsche Daten benutzen und falsche Informationen liefern und in feindlicher Weise übernommen werden können. In selbstständig fahrenden Autos und in intelligenten, vernetzten Häusern (Intelligent Home, Smart Home, Smart Living) werden wir zu gläsernen Bürgern, angesichts medizinischer Roboter und elektronischer Akten zu gläsernen Patienten. Die Wirtschaftsethik kommt hinzu, wenn es um die Ersetzung von Arbeits- und Fachkräften durch (teil-)autonome Maschinen geht.

Informatik

Die Informatik ist die Wissenschaft der systematischen Daten- und Informationsverarbeitung, in erster Linie der automatischen Verarbeitung mit Hilfe von Computern. Sie hat Bezüge zur Mathematik und zur Logik (theoretische Informatik) und zu den Ingenieurwissenschaften. In ihrer Auseinandersetzung mit der Betriebswirtschaftslehre hat sich die Wirtschaftsinformatik als eigenständiges Fach entwickelt. Ein Teilgebiet der Informatik ist Informatik und Gesellschaft.

Informatik und Gesellschaft

Ein Teilgebiet der Informatik nennt sich Informatik und Gesellschaft. Es handelt sich zugleich um einen Fachbereich der Gesellschaft für Informatik e.V. (GI) und ein Arbeitsgebiet der Schweizer Informatik Gesellschaft (SI). Die Mitglieder analysieren die Voraussetzungen, Wirkungen und Folgen von Informatik, Informationstechnik und Informationsverarbeitung, und zwar in allen Bereichen der Gesellschaft. Dabei wird auch versucht, aus der Ethik heraus Chancen und Risiken zu beschreiben.

Information

Information ist – nach der Schule der Informationswissenschaftler um Rainer Kuhlen – handlungsrelevantes Wissen. Wer andere informiert, übermittelt ihnen Angaben, die für sie wichtig sind, mit denen sie etwas anfangen können und die sie mit Blick auf bestimmte Ziele und Lösungen benötigen. Es geht sozusagen um die Teilmenge von Wissen, die aktuell in Handlungssituationen benötigt wird und vor der Informationserarbeitung nicht vorhanden ist. Information ist demnach entscheidend von Erwartungen und Situationen abhängig. Während mit Wissen stets ein gewisser Wahrheitsanspruch verbunden ist (falsches Wissen ist kein Wissen mehr), können Informationen (etwa in Form von Fehlinformationen) auch bewusst falsch angelegt sein, um in die Irre zu führen.

Informationelle Notwehr

Die informationelle Notwehr entspringt dem digitalen Ungehorsam oder stellt eine eigenständige Handlung im Affekt dar und dient der Wahrung der informationellen Autonomie und der digitalen Identität. Beispielsweise reißt man Personen die Datenbrille herunter, weil man nicht aufgenommen werden will, man hält Street-View-Autos an, von denen man erfasst worden ist, und fordert zur Datenlöschung auf, man schießt private Drohnen ab, die einen mit Hilfe von Kamera und Mikrofon observieren, oder man ist als Fake auf solchen Plattformen unterwegs, die persönliche Daten wirtschaftlich nutzen. Ob bei Schäden und Verstößen mildernde Umstände oder gar Ansprüche auf Straffreiheit geltend zu machen sind, wird im Einzelfall zu entscheiden sein. Ein Begriff mit weiterer Bedeutung ist die „digitale Selbstverteidigung".

Informations- und Kommunikationstechnologien

Informations- und Kommunikationstechnologien („IKT" oder auch engl. „ICT" - für „information and communication technologies" - abgekürzt) sind (meist computergestützte) Technologien zur Gewinnung und Verarbeitung von Informationen und zur Unterstützung von Kommunikation. Zuweilen spricht man auch von Information und Kommunikation (IuK) bzw. von IuK-Technologien. Zudem werden die Technologien separat benannt, wie in den Begriffen „Informationstechnologie (IT)", „Informationstechnologien" und „Kommunikationstechnologien" oder im Falle der „computer-mediated communication". Eng verwandt mit dem Begriff sind die „Neuen Medien". Beispiele für IKT sind im Allgemeinen Computer und Software, im Besonderen Internet, Chats und Diskussionsforen. Bei einer weiten Begrifflichkeit kann man auch Telefon und Fernsehen hinzuzählen.

Informationsethik

Die Informationsethik hat die Moral derjenigen zum Gegenstand, die Informations- und Kommunikationstechnologien (IKT) und neue Medien anbieten und nutzen. Sie geht der Frage nach, wie sich diese Personen, Gruppen und Organisationen in moralischer bzw. sittlicher Hinsicht verhalten (empirische oder deskriptive Informationsethik) und verhalten sollen (normative Informationsethik). Von Belang sind auch diejenigen, die keine IKT und neuen Medien anbieten und nutzen, aber z.B. an deren Produktion beteiligt oder von deren Auswirkungen betroffen sind. Informationsethik hat also die Moral (in) der Informationsgesellschaft zum Gegenstand und untersucht, wie sich deren Mitglieder in moralischer Hinsicht verhalten respektive verhalten sollen; ebenso betrachtet sie unter sittlichen Gesichtspunkten das Verhältnis der Informationsgesellschaft zu sich selbst, auch zu nicht technikaffinen Mitgliedern, und zu wenig technisierten Kulturen. In der Metainformationsethik werden moralische Aussagen analysiert, etwa ausgehend von darin enthaltenen informationstechnischen Begriffen, und Ansätze der Informationsethik verortet und verglichen.

Die Informationsethik gehört zur angewandten Ethik und zu den Bereichs- oder Spezialethiken. Diese beziehen sich auf abgrenzbare Lebens- und Handlungsbereiche. Beispiele sind neben der Informationsethik Medizinethik, Bioethik, Umweltethik, Militärethik, Friedensethik, Technikethik, Medienethik, Wissenschaftsethik, Wirtschaftsethik, Politikethik und Rechtsethik. Ferner werden Sterbe- und Altersethik in Theorie und Praxis genannt, die Zukunftsethik, ebenfalls mit zeitlicher Konnotation, und die Sexualethik, deren Eigenständigkeit nicht unumstritten ist. Alle Bereichsethiken müssen sich mit der Informationsethik verständigen; die Informationsethik kann sich selbst genügen und sich damit begnügen, sich in ausgewählte Richtungen zu strecken. Der Informationswissenschaftler Rainer Kuhlen hat in seinem Lehrbuch „Informationsethik" die Beziehung zwischen Bioethik und Informationsethik erforscht. Oliver Bendel hat in diversen Artikeln die Informationsethik zu zehn Bereichsethiken ins Verhältnis gesetzt – und dann das Verhältnis zwischen Medizinethik und Informationsethik unter die Lupe genommen.

Auf den Medienwissenschaftler Rafael Capurro ist die Einteilung der Informationsethik in Netz-, Medien- und Computerethik zurückzuführen. Informationsethik ist für ihn sowohl eine auf Informations- und Kommunikationstechnologien als auch – ganz in informationswissenschaftlicher Tradition – auf Information bezogene Beschäftigung; von daher ist es konsequent, dass die Medienethik unter ihren Begriff fällt. Es liegt vor allem an der Entwicklung der Technologien und Medien, dass die Abgrenzung im Einzelfall schwer sein kann. Wenn man die Moral in sozialen Netzwerken analysiert – betreibt man dann Netzethik, Medienethik oder Computerethik? Wahrscheinlich alles zusammen, und je nach Fokus tritt der erste, zweite oder dritte Bezugspunkt hervor. Mit seiner Unterscheidung ist es Capurro auf jeden Fall gelungen, die eine oder andere ältere Bereichsethik einer neueren zuzuordnen.

Man kann Informationsethik genauso, der eingangs vorgetragenen Definition folgend, als Ethik der Bereitstellung und Nutzung von Informations- und Kommunikationstechnologien und neuen Medien auffassen; der Begriff der Information funktioniert dabei ähnlich wie in den Komposita „Informationsmanagement" und „Informationsgesellschaft". „Informationsmanagement" ist ein vielschichtiger Begriff; eine verbreitete Bedeutung ist das Management von Informations- und Kommunikationstechnologien und Informationssystemen. Die Informationsgesellschaft ist weniger eine informierte als vielmehr eine Information verarbeitende bzw. verarbeiten lassende Gesellschaft. Unterschieden werden kann entsprechend auch mit Blick auf Technologien und Medien. Man mag auf dem Gebiet der Informationsethik von einer Ethik der Informations- und Kommunikationstechnologien sprechen, von einer Ethik der neuen Medien und von einer Ethik des Contents, wobei es wohlgemerkt um den geistigen und körperlichen Umgang mit diesen Gegenständen geht. Eine Ethik des Contents kann auch das Urheberrecht im virtuellen Raum und das Recht am eigenen (digitalen) Bild abdecken, sich mit Rechtswissenschaft und -ethik überschneidend.

Eine weitere Systematisierung stammt von Kuhlen. Er teilt in seinem Buch in Akteursgruppen wie Urheber und Künstler, Wissenschaft und Technik, Ausbildung, Staat, Nutzer und Verbraucher ein und ordnet ihnen Interessen zu, von denen die einen grundsätzlicher Art und die anderen auf IKT und neue Medien sowie auf Content bezogen sind. Der Informationswissenschaftler versteht Informationsethik „als praktizierte Aufklärung", deren Instrument „der informationsethische Diskurs" sei, dessen „theoretische Grundlagen durch die Diskursethik gelegt worden sind". Der Bedarf an solchen Auseinandersetzungen entsteht nun, wenn divergierende Interessen der Akteursgruppen bzw. innerhalb der Akteursgruppen aufeinanderprallen. Vor dem Hintergrund dieser Überlegungen schlägt Kuhlen einen Ablauf für informationsethische Diskurse vor.

Eine Systematisierung ist zudem anhand von Problembereichen und Fragestellungen möglich. Auch mit ihnen wird man konkret; häufig befindet man sich damit im normativen Bereich. Ein Beispiel dieser Art ist aufgeführt in „Die Rache der Nerds", einem Sachbuch mit Gedanken und Geschichten zur Informationsethik:

- Wir nehmen Einbußen bei der Qualität in Kauf.
- Wir verschwenden Zeit und Aufmerksamkeit.
- Wir gleichen uns an in unserem Denken und Verhalten.
- Wir schaffen Alternativen ab und stellen Abhängigkeiten her.

- Wir verlieren unsere Erkenntnisse und unsere Fähigkeiten.
- Wir lassen Kunden, Mitarbeiter und Freunde zu Schaden kommen.

Diese (zugespitzt formulierten) Probleme sind für Privatpersonen und für (anbietende und nutzende) Organisationen und Unternehmen gleichermaßen relevant. Sie bestehen seit langem; doch durch den Einsatz und die Verwendung von IKT und digitalen Medien entstehen neue Möglichkeiten, neue Qualitäten und Quantitäten. Vor dem Hintergrund der genannten Grundprobleme kann man zahlreiche Problem- und Sachbereiche identifizieren, die scheinbare Prozessoptimierung durch Wirtschaftsinformatiker, das Potenzial des Netzes für den Totalitarismus, die Gefahren durch Automatismen und Manipulationen, die Abhängigkeit von IT-Unternehmen und IT, die Risiken von Anonymität und Identifizierbarkeit im Netz, die Zunahme von Mobbing und Denunziation in virtuellen Räumen und der Verlust der Privatheit durch Internet und Outernet.

Ebenso kann man von ethischen Grundfragen ausgehen und Themen für die Informationsethik ableiten. Annemarie Pieper sieht in ihrem Buch „Einführung in die Ethik" drei Fragenbereiche, nämlich Glück bzw. Glückseligkeit, Freiheit sowie das Gute und das Böse. Zu Freiheit und Determination schreibt die Philosophin: „Mit dem Problem von Freiheit und Determination steht und fällt die Moral und damit zugleich die Ethik als die Wissenschaft von der Moral." Man kann grundsätzlich erörtern, wie sich in der Informationsgesellschaft die Freiheit von Individuen und Gruppen verändert. Und man kann spezifische Fragen stellen: Wie verändert sich die Freiheit, wenn der Mensch nicht nur Maschinen benutzt, sondern auch von Maschinen benutzt wird? Welchen Einfluss auf unsere Autonomie hat es, wenn uns webbasierte Dienste Bücher und Freunde vorschlagen und personalisierte Werbung einblenden? Wie wird unsere informationelle Autonomie beschädigt bzw. geschützt? Wie verändert sich unsere Privatsphäre, wenn wir uns selbst ausstellen und durch andere ausgestellt werden? Eng mit dem Begriff der Freiheit ist der Begriff der Verantwortung verbunden. Auch hier lässt sich grundsätzlich fragen:

Wer übernimmt Verantwortung in einer hochtechnisierten Welt mit vielen Mittlern und Akteuren? Und man kann spezifische Fragen stellen, jeder für sich, auch bezüglich der eigenen Verantwortung.

Noch in anderer Weise kann man die Informationsethik untergliedern, nämlich hinsichtlich des Subjekts der Moral. Die Ethik bezieht sich üblicherweise auf die Moral von Menschen; aber sie kann sich als Maschinenethik auch auf die Moral von Maschinen beziehen. Michael Anderson und Susan Leigh Anderson gehen als Herausgeber des Fachbuchs „Machine Ethics" der Frage nach, ob und wie autonome Systeme in moralischer Weise handeln sollen. Schon in den 1950er- und 1960er-Jahren hat man in Wissenschaft und Literatur über diese Frage nachgedacht; aber ein ernstzunehmendes Forschungsgebiet ist erst in den 00er- und 10er-Jahren des 21. Jahrhunderts entstanden. Ohne Zweifel ist die Notwendigkeit vorhanden, das Verhalten von Maschinen in den Kontext der Moral zu stellen und Ethiker und Vertreter der Künstlichen Intelligenz darüber nachdenken zu lassen. Wie sollen Maschinen mit uns umgehen, und wie sollen sie sich entscheiden in Situationen, in denen wir in unserer Identität und in unserer Existenz bedroht werden? Vielleicht wird eines Tages die Notwendigkeit vorhanden sein, über das Verhalten gegenüber Maschinen nachzudenken; dann wären die Maschinen auch ein Objekt der Moral im engeren Sinne, wovon manche Vertreter der Roboterethik ausgehen.

Die Informationsethik ist ein relativ junges Gebiet der Ethik. Sie vermag aber recht betagte Bereichsethiken wie die Computerethik einzuschließen. Ihre Anwendungsbereiche vermehren und vergrößern sich Tag für Tag, und es ist zu klären, welches Spezialgebiet für welche Spezialfrage zuständig ist und wie es mit einem anderen Spezialgebiet oder einer anderen Spezialethik zusammenhängt. Definitionen und Systematisierungen helfen dabei, Zuständigkeiten deutlich zu machen und Lücken zu erkennen. Auch der von Kuhlen skizzierte Ablauf für informationsethische Diskurse hat Bedeutung für die Praxis. Und wie in der Praxis verfahren werden soll, ist für die normative Informationsethik, diesen Prüfstein der Informationsgesellschaft, von hoher Relevanz.

Informationsethischer Diskurs

Im Rahmen der Diskursethik – einer ihrer Vertreter ist Jürgen Habermas – hat Rainer Kuhlen den informationsethischen Diskurs vorgeschlagen, der auf die moralischen Akteure und ihre Einigung in strittigen Fragen zielt. Voraussetzung ist die Rationalität des Diskurses, genauer die Anerkennung von Interessen, von Rechten der Teilnehmer und der besten Argumente. Der Ablauf lässt sich nach Kuhlen verkürzt wie folgt darstellen:

- Identifikation der an der speziellen informationsethischen Fragestellung beteiligten Akteure oder Gruppierungen

- Offenlegen der unterschiedlichen Interessen und Ziele, evtl. mit Interessen- und Zielhierarchien und -vernetzungen

- Offenlegen des den Interessen und Zielen zugrunde liegenden normativen Verhaltens

- Aufweis, an welchen Stellen Konflikte oder Widersprüche zwischen den verschiedenen Interessen und Zielen und den verschiedenen normativen Verhaltensformen auftreten

- Überprüfen der normativen Verhaltensformen auf ihre ethischen Begründungsmöglichkeiten, inwieweit sie also aus allgemeinen ethischen Prinzipien abgeleitet werden können

- Auflösung der Widersprüche durch Annäherung an einen Ausgleich, eine Balance, zwischen den verschiedenen eigenen Partikularinteressen und den Interessen der anderen bzw. dem übergeordneten Interesse der Gesellschaft

Kuhlen hat damit die diskursive Methode, die neben der logischen und der dialektischen eine wichtige Rolle bei ethischen Begründungen spielt, in einen speziellen Zusammenhang gestellt.

Informationsflut

„Informationsflut" – in ähnlich drastischer Bildsprache auch „Information Overkill" oder „Information Overload" – ist ein Begriff, der mit dem wachsenden und bald unüberschaubaren Informationsangebot des Internets populär wurde. Obwohl oder gerade weil immer mehr Informationen vorhanden sind, wird es immer schwieriger, relevante Ressourcen zu finden. Die Wendung „lost in hyperspace" veranschaulicht das Sichverlieren in der scheinbaren Unendlichkeit des virtuellen Raums. Konzepte wie Semantic Web sollen einen Ausweg aus der Misere bahnen, die auch von der Informationsethik thematisiert wird.

Informationsfreiheit

Informationsfreiheit (auch Informationszugangsfreiheit oder Informationsrecht) bedeutet allgemein den freien Zugang zur Information und speziell die Möglichkeit der Einsicht in Dokumente und Akten. Sie hängt unmittelbar mit der Informationstransparenz zusammen. Der englische Begriff „freedom of expression" zielt in eine ähnliche Richtung, zugleich die Meinungs- und Redefreiheit ansprechend.

Der Zugang zur Information wird auf staatlicher Ebene durch Informationsfreiheitsgesetze geregelt, auf kommunaler durch Informationsfreiheitssatzungen. Die Informationsethik beschäftigt sich sowohl mit der Informationsfreiheit als auch mit der Meinungsfreiheit in der Informationsgesellschaft, zusammen mit der Medienethik auch mit der Meinungsfreiheit in Kommentarbereichen von Massenmedien.

Informationsgerechtigkeit

Gerechtigkeit im objektiven Verständnis ist nach Otfried Höffe das grundlegende normative Prinzip des äußeren Zusammenlebens in seinen Kooperations- und Konfliktaspekten. Sie beruhe weder auf freier Zuneigung noch gehe sie beim Handeln über das hinaus, was man einem anderen schuldet.

Für Rainer Kuhlen ist Gerechtigkeit ein zentrales soziales Prinzip der Ethik im Allgemeinen und der Informationsethik im Besonderen. Die Informationsgerechtigkeit ist eine Form der Gerechtigkeit, die sich auf den Zugang zur Information und zu Informations- und Kommunikationstechnologien bezieht. In der Tendenz widerspricht der digitale Graben dem Gerechtigkeitsprinzip.

Informationsgesellschaft

Die Informationsgesellschaft ist eine Wirtschafts- und Gesellschaftsform, in der die Gewinnung, Speicherung, Verarbeitung, Vermittlung, Verbreitung und Nutzung von Informationen und Wissen einschließlich wachsender technischer Möglichkeiten der Kommunikation und Transaktion zentrale Merkmale sind. Die Informationsethik untersucht, wie sich deren Mitglieder in moralischer Hinsicht verhalten bzw. verhalten sollen; ebenso betrachtet sie unter sittlichen Gesichtspunkten das Verhältnis der Informationsgesellschaft zu sich selbst, auch zu nicht technikaffinen Mitgliedern, und zu wenig technisierten Kulturen.

Informationskapitalismus

Informationskapitalismus ist eine Form des Kapitalismus, die wesentlich auf den Geschäftsmodellen der Informationswirtschaft bzw. von IT-Unternehmen beruht. Er ist eine Ursache für den digitalen Graben und eine Interpretation der Informationsgesellschaft. Eine andere Interpretation ist der Informationskommunismus, in dem man sich für die freie Verfügbarkeit von Informationen und Wissen und dazugehörigen Technologien einsetzt.

Informationskompetenz

Der Begriff der Informationskompetenz bezieht sich auf die Beschaffung von und den Umgang mit Informationen und Wissen, vor allem in der Informationsgesellschaft. Wer sich relevante elektronische Artikel über

Fachdatenbanken herunterlädt, zeigt genauso Informationskompetenz wie jemand, der ein Literaturverwaltungsprogramm benutzt und damit Quellenverzeichnisse erstellt. Die Informationskompetenz hängt insofern auch mit der Medienkompetenz zusammen und gehört wie diese zu den Schlüsselqualifikationen des Informationszeitalters. Dass sie auch mit der Informationsethik zu tun hat, zeigt sich an zahlreichen Themen wie Hochpreisigkeit von Studien, Diebstahl geistigen Eigentums, Datenmanipulation und Matthäus-Effekt.

Informationsmanagement

Der Schwerpunkt des Informationsmanagements liegt auf der Konzeption sowie der Einführung und dem Betrieb von Informations- und Kommunikationstechnologien und Informationssystemen in Unternehmen und Organisationen. Es geht darum, eine Informationsinfrastruktur an den strategischen Zielen auszurichten, langfristig zu planen sowie mittel- und kurzfristig zu beschaffen und einzusetzen. Der Begriff funktioniert damit ähnlich wie derjenige der Informationsethik: Es geht ebenfalls um Information, vor allem aber um Informations- und Kommunikationstechnologien. Wissensmanagement richtet sich auf den Umgang mit der Ressource Wissen und nutzt dazu die Informationsinfrastruktur. Manchmal wird mit dem Begriff des Informationsmanagements auch eine Form des Wissensmanagements bezeichnet, womit man näher bei der eigentlichen Information wäre.

Informationsrecht

Zum Informationsrecht gehören IT- und Internetrecht. Im Sinne des Rechts auf Information ist es eng verwandt mit der Informationsfreiheit bzw. der Informationszugangsfreiheit. Die Moral kann in das Recht münden; genauso kann das Recht die Moral beeinflussen. Es ist aber auch wichtig, in bestimmten Fragen beide Bereiche scharf zu trennen. Die Informationsethik mag sich mit der auf Informationsrecht spezialisierten Rechtswissenschaft zusammentun, um die Zusammenhänge und

Widersprüche zwischen Moral und Recht der Informationsgesellschaft herauszuarbeiten, und sich mit ihr der Fundierung und Regulierung der Informationsfreiheit widmen.

Informationswissenschaft

Die Informationswissenschaft ist eine Disziplin, die in den USA etabliert ist und im deutschsprachigen Raum in den 90er-Jahren eine Blütezeit erlebt hat, was insbesondere das Verdienst von Rainer Kuhlen ist. Er hat sich aus ihr und der Philosophie heraus intensiv mit Informationsethik beschäftigt. An der Universität Konstanz, seinem Wirkungsort, war die Informationswissenschaft in jener Dekade aufgeteilt in die Bereiche Informationssysteme (mit Überschneidungen zu Informatik und Wirtschaftsinformatik), Informationsmanagement (mit Überschneidungen zur Wirtschaftsinformatik) und Informationsvermittlung und -aufbereitung (mit Überschneidungen zum Bibliotheks- und Archivwesen, zur Softwareergonomie und zum Webdesign). Weitere wichtige Orte für die Informationswissenschaft sind Saarbrücken, Chur und Graz.

Informationszeitalter

Das Informationszeitalter ist die im letzten Drittel des 20. Jahrhunderts einsetzende und immer noch andauernde Epoche des Übergangs von der Industrie- zur postindustriellen Gesellschaft, in der die (vor allem computergestützte) Gewinnung, Speicherung, Verarbeitung, Vermittlung, Verbreitung und Nutzung von Informationen und Wissen einschließlich wachsender technischer Möglichkeiten der Kommunikation und Transaktion eine wesentliche Rolle spielen und die die Informationsgesellschaft hervorbringt.

Innovation

Der Begriff der Innovation trägt etymologisch das „Neue" bzw. die „Neuerung" in sich. Kreative Ideen oder neues Wissen sind noch keine

Innovation. Innovationen resultieren erst dann aus Ideen, wenn diese in neue Produkte, Dienstleistungen oder Verfahren umgesetzt werden, die eine erfolgreiche Anwendung finden und den Markt durchdringen.

Aus Sicht der Informationsethik interessiert, wie Innovation in der Informationsgesellschaft möglich ist, ohne deren Moral in unpassender Weise zu untergraben. Instrumente wie Creative Commons gehören zu den Innovationen der Informationsgesellschaft, genauso wie Augmented Reality oder das Internet der Dinge.

Intelligentes Spielzeug

Meinte der Begriff des intelligenten Spielzeugs früher, dass dieses das Kind fordert und fördert, fallen heute mehr und mehr Puppen, Stofftiere und Gerätschaften darunter, die Chips oder sogar Elemente der KI aufweisen und mit Systemen wie Watson von IBM verknüpft sind, die Gesprochenes verstehen und auswerten. Bekannte Beispiele sind der Dinosaurier unter dem Label von CogniToys und Hello Barbie von Mattel. Die „smart toys" (engl.) können ins Kinderzimmer hineinhorchen und den Eltern die Resultate ihrer Analyse liefern. Damit gefährden sie, wie auch spezielle Handys, Uhren und Armbänder, die informationelle Autonomie des Nachwuchses, greifen in seine Privat- und Intimsphäre ein und brechen Kinderrechte, wie sie in der UN-Kinderrechtskonvention festgelegt sind.

Interaktion

Der Begriff „Interaktion" bedeutet ursprünglich „Wechselwirkung", „wechselseitige Beeinflussung von Individuen oder Gruppen" oder „wechselseitiges Vorgehen". Im medialen und technischen Bereich wird der Begriff der Interaktion oder der Interaktivität auf das Verhältnis zwischen Benutzer und Medium bzw. Mensch und Maschine angewandt („Mensch-Maschine-Interaktion", auch als Bezeichnung für die Disziplin), sodass man von einer Wechselwirkung zwischen diesen sprechen kann oder auch davon, dass das Medium oder die Maschine selbst interaktiv ist, also eine solche Wechselwirkung zulässt. Im weitesten Sinne handelt es sich um Formen der Kommunikation und damit um eine Art der Mensch-Maschine-Kommunikation bzw. des Mensch-Maschine-Dialogs. Im engeren Sinne kommuniziert man mit dem System, wenn dieses – wie manche Agenten – natürlichsprachliche Fähigkeiten besitzt. Die Interaktion kann auch zwischen Menschen stattfinden, etwa mit Hilfe von Informations- und Kommunikationstechnologien, zwischen Maschinen (Maschine-Maschine-Interaktion) und zwischen Tieren und Maschinen (Tier-Maschine-Interaktion, auch als zu etablierende Disziplin, mit großer Nähe zur Tier-Computer-Interaktion).

Internet

Das Internet ist ein weltweites Computernetzwerk, das Rechner aller Art auf der Basis der Protokollgruppe Transmission Control Protocol over Internet Protocol (TCP/IP) verbindet und dessen Anfänge in die 60er-Jahre des 20. Jahrhunderts reichen. In das Internet gingen verschiedene Netze wie das Arpanet oder das Usenet ein; man bezeichnet es deshalb auch als „Netz der Netze". Bereits in den 1970er-Jahren wurden Internetdienste wie Diskussionsforen zur Kommunikation und zum Austausch von Dateien genutzt. Ende der 1980er-Jahre kam der Chat hinzu. Als um 1990 das World Wide Web (WWW) als Hypertextsystem mit grafischer Benutzeroberfläche entstand, wurde das Internet schlagartig populär. Millionen von Websites und Tausende von Diensten machen es zu einem hochkomplexen Informations- und Kommunikationsangebot.

Das Internet hat zu Beginn enorme Hoffnungen aufkommen lassen, in Bezug auf Information und Kommunikation, gesellschaftliche Fragen wie Demokratie und globale Informatisierung sowie ökonomische Potenziale. Die Realität hat viele dieser Hoffnungen eingeholt, aber dennoch ist das Internet mehr eine Revolution als eine Evolution geworden. Viele Internetdienste sind aus unserem Alltag und unserem Berufsleben nicht mehr wegzudenken und verändern Abläufe auf dramatische Weise. Totalitäre

Staaten versuchen – dies ein Hinweis auf die vermutete Macht des Mediums –, den Zugriff auf das Internet einzuschränken, entweder über die Blockierung von Netzen, Rechnern und Websites, mit Unterstützung von Suchmaschinen und Katalogen, die Websites aus ihrem Index streichen, oder mit einer Authentifizierungspflicht.

Dass das Internet teilweise immer noch als gleichsam mystischer Ort wahrgenommen wird, zeigen Begriffe wie „Cyberspace" oder „Hyperspace". Während in dem einen – der Steuermannskunst und Raum bzw. Weltraum zusammenbringt – Virtualität und Fiktionalität von Computern und insbesondere Computernetzen beschworen werden, spielt der andere auf die scheinbare Unendlichkeit des Internets an, in der sich Benutzer jederzeit verlieren können („lost in hyperspace"). Andere Wortbildungen und Metaphern wie „Datenautobahn" oder „Information Highway" sterben dagegen aus und haben fast nur noch historische Bedeutung.

Ein Problem der 2010er-Jahre ist, dass viele Benutzer soziale Netzwerke als das Internet wahrnehmen und private Anbieter das freie WWW immer mehr an den Rand drängen. Dies wird durch Millionen von Websites und Plattformen unterstützt, die Funktionen und Buttons der Social Networks und Microblogs (etwa die Like-Buttons) verwenden und im Kommentarbereich eine Anmeldung über deren Dienste erlauben oder vorschreiben. Selbst öffentlich-rechtliche Radio- und Fernsehsender kommunizieren mit ihren Hörern und Zuschauern über privatwirtschaftliche Social-Media-Dienste und verstärken so die neue Eindimensionalität.

Internet der Dinge

Das Internet der Dinge (Internet of Things) vernetzt mit IT angereicherte und eindeutig identifizierbare Dinge, Tiere und Menschen miteinander und lässt sie auf technischem Wege miteinander kommunizieren. Es wandelt sich von einer Vision zu einer immer weiter verbreiteten Realität. Denkende Dinge (engl. „thinking things") können ein Teil des Internets der Dinge sein, vernetzte Objekte (engl. „networked objects") sind es auf jeden Fall; übergeordnete Konzepte sind Ubiquitous und Pervasive Computing. Wearables können genauso zum Internet der Dinge gehören wie Gerätschaften und Fahrzeuge, die Rückmeldung an die intelligente Fabrik geben zur Anpassung und Verbesserung der Produktion (Industrie 4.0).

Im Rahmen der Informationsethik stellen sich Fragen nach informationeller und persönlicher Autonomie, nach Überwachungsstaat und -gesellschaft. Auch die (Verletzung der) Würde von Lebewesen bzw. ihre Instrumentalisierung und die (Versehrtheit der) Schönheit von Gegenständen kann thematisiert werden, sodass es Überschneidungen mit Bereichsethiken wie der Tierethik, aber auch mit philosophischen Disziplinen wie der Ästhetik gibt. Die Maschinenethik kommt ins Spiel, wenn die (teil-)autonomen, intelligenten Maschinen mit den Dingen interagieren und dabei moralische Aspekte berührt werden.

Internetdienst

Internetdienste sind Dienste, die auf Technologien des Internets aufsetzen und Benutzer bei Anforderungen und Aufgaben unterstützen oder zu ihrer Unterhaltung beitragen. Beispiele sind E-Mail, Chats, Diskussionsforen, Instant Messaging, Agenten, Suchmaschinen und das World Wide Web.

Internetrecht

Das Internet ist kein rechtsfreier Raum, und grundsätzlich gelten in Online- und Offlinewelt die gleichen Gesetze. Ein Problem ist allerdings, dass Anbieter, Dienste und Ressourcen weltweit verteilt sind und es zu Kollisionen zwischen nationalen Regelungen kommen kann. Ein anderes Problem ist, dass neue Gegenstände auftreten, auf die das bisherige Recht nicht passt. Nicht zuletzt wird man als Geschädigter oder Strafverfolgungsbehörde durch die oftmals gegebene Anonymität der Benutzer vor Herausforderungen gestellt. Das Internetrecht (auch Onlinerecht) entsteht an der Schnittstelle der verschiedenen Rechtsgebiete, die sich mit Computern und Netzen beschäftigt, und bezieht sich auf die rechtlichen Aspekte bei deren Nutzung. Es ist ein Teilbereich des Informationsrechts. Insofern die Moral dem Recht vorausgehen oder nachfolgen kann, ist es auch mit der Informationsethik verbunden.

Journalismus

Der Begriff des Journalismus bezeichnet die Tätigkeit von Journalisten, etwa bei Printmedien, bei Radio und Fernsehen und bei Blogs. Roboterjournalismus unterstützt und ersetzt klassischen Journalismus, beispielsweise indem Robo-Content produziert wird. Drohnen liefern Aufnahmen von oben, auch aus abgelegenen Gebieten oder gefährlichen Situationen („drone journalism"). Live- oder Real-time-Journalismus ist anscheinend das Gebot der Stunde, führt aber tendenziell zu oberflächlichen Beiträgen. Die Medienethik muss, zusammen mit Informations- und Wirtschaftsethik, auf all diese Entwicklungen und Umwälzungen reagieren.

Kampfroboter

Ein Kampfroboter, in Form eines Landroboters oder einer militärischen Drohne, die im Wasser oder in der Luft unterwegs ist, dient in kriegerischen Auseinandersetzungen und bei terroristischen Bedrohungen der Erkundung und Überwachung von Gebieten und der Eliminierung der Gegner. Es wird an autonomen Systemen geforscht, die sich ohne Fernsteuerung bewegen und eigene Entscheidungen treffen. Dabei kann die Maschinenethik herangezogen werden, wobei sich die meisten ihrer Vertreter nicht in der militärischen Forschung verorten. Für Robotiker und Ethiker stellen sich viele Fragen. Manche von ihnen lehnen Kampfroboter ab, weil diese zu falschen Urteilen kommen und die Bevölkerung verunsichern können, andere weisen darauf hin, dass Maschinen anders als Menschen nicht zu Plünderungen, Brandschatzungen und Vergewaltigungen neigen und somit die Nebenschauplätze von Kriegen menschlicher gestaltet werden können. Zudem sei es möglich, das Leben derjenigen Soldaten zu schützen, die von den Robotern unterstützt oder ersetzt werden. Im Jahre 2015 haben sich tausende Wissenschaftler, die meisten von ihnen KI-Experten und Robotiker, in einem offenen Brief für ein Verbot autonomer Waffensysteme ausgesprochen. Dieser wurde auf futureoflife.org veröffentlicht.

Kinderschutzfilter

Kinderschutzfilter sind Funktionen und Programme, die nur ausgewählte Websites erlauben bzw. pornografische Inhalte und Darstellungen von Gewalt blocken. Sie zählen zu den Parental Controls, zu den informationstechnischen Systemen, mit denen Eltern ihre Kinder vor Bildern und Texten im digitalen Fernsehen, auf dem Rechner und in Computerspielen und den dadurch drohenden psychischen Schäden bewahren können, wobei sie auch von Heimen, Jugendhäusern und Schulen eingesetzt werden. In manchen Fällen werden Kinderschutzfilter zu Zensur- und Überwachungswerkzeugen.

Kirche

Die christlichen Kirchen vertreten eine theologische (aus theologischen Befunden gespeiste) bzw., wie andere religiöse Organisationen, eine theonome (auf angebliche göttliche Gebote bezogene) Ethik. Man spricht bei einer universitären Verankerung (die von Wissenschaftlern kritisiert wird) von der Moraltheologie im Gegensatz zur Moralphilosophie.

Theologische und philosophische Ethik verhalten sich zur Moral ähnlich wie Homöopathie und Medizin zur Gesundheit. Sie haben beide den gleichen Gegenstand, aber völlig unterschiedliche Herangehensweisen. Während die eine, insbesondere in ihrer konsequenten theonomen Ausprägung, letztlich auf Einbildungen, Vermutungen und Behauptungen basiert, kommt die andere mit Hilfe von Analysen, Vergleichen und Begründungen zu ihren Ergebnissen. Dabei spielt die Bewertung von moralischen Begründungen ebenso eine Rolle wie die Verwendung von ethischen Begründungen.

Die Vertreter der Kirchen sprechen und veröffentlichen häufig im Namen der Wirtschafts- und Medizinethik, ohne dass sie immer ihre Voreingenommenheit offenlegen. Ihrem Lobbyismus erliegen nicht nur Hochschulen mit theologischen Lehrstühlen und Fakultäten, sondern auch Massenmedien. Sie versuchen sich in die Informationsethik einzubringen, und es werden Gebiete wie Dating, Cybersex und -porn von der Warte einer rigiden Sexualmoral aus betrachtet. Auf diese Weise gewinnt der Moralismus, der sich in der Moraltheologie offenbart, und verliert die Moralphilosophie als kritische Instanz (auch gegenüber der Moral).

Kodex

Der Begriff „Kodex" bezeichnet die Gesamtheit der Regeln, die in einer Gruppe oder Organisation (z.B. Berufsständen, akademischen Gruppen bzw. Einrichtungen oder Unternehmen) maßgebend sind. Verbreitet sind Ethikkodizes, auch „ethische Kodizes" oder besser „moralische Kodizes", „Moralkodizes" und „Sittenkodizes" genannt. In der

Informationsgesellschaft sind diese bei IT-Unternehmen, -Lobbyverbänden und -Fachgesellschaften verbreitet. Der Kodex kann Teil einer Feigenblattmoral und diese Ziel und Zweck einer Feigenblattethik sein.

Kommunikation

Kommunikation kann verstanden werden als die Übermittlung von Informationen über ein Medium im weitesten Sinne zwischen zwei oder mehreren Kommunikationspartnern. Die menschliche Kommunikation dient neben dem Austausch von Erfahrung und Wissen auch der Koordination als Basis kooperativen Handelns. Dabei stehen neben der gesprochenen und geschriebenen Sprache bildhafte Darstellungen sowie Mimik (Gesichtsausdruck), Gestik (Körperhaltung und -bewegung) und Taktilität (Berührungen) zur Verfügung.

Sachinhalte einer Nachricht werden meistens sprachlich und bildlich vermittelt. Man erklärt, wie eine Maschine funktioniert, und zeigt auf Komponenten, Knöpfe und Hebel, oder man erstellt ein Handbuch mit Texten und Grafiken. Beim Transport von Emotionen, die für den Aufbau einer Beziehung zwischen Kommunikationspartnern wichtig sind, spielen dagegen häufig Mimik und Gestik sowie Gerüche (die nicht durchgehend beeinflussbar sind) eine Rolle.

Im virtuellen Bereich – beispielsweise im Internet – wird Kommunikation immer wichtiger. Sie erfolgt zwischen den Teilnehmern stets indirekt, d.h. mit Hilfe von Kommunikationswerkzeugen, und kann synchron (über Chats und Videokonferenzen) oder asynchron (über E-Mail und Diskussionsforen) stattfinden. Teilweise können Mimik und Gestik durch klassische Emoticons und moderne Emojis ersetzt werden.

Konflikt

Ein Konflikt ist ein Gegensatz zwischen Ideen, Werten und Handlungen und ihren Trägern. Er schwelt, bricht aus und hält mehr oder weniger lange an. In offenen Gesellschaften bemüht man sich um eine rationale

Verständigung mit Hilfe von Rechtswissenschaft und Ethik. Die Informationsethik behebt Konflikte zwischen Benutzern und IT-Unternehmen mit Hilfe der diskursiven Methode, die Maschinenethik geht Konflikte an, die sich bei Maschinen zwischen Regeln ergeben, wobei Priorisierung einer der Ansätze ist.

Konsumentenethik

Konsumentenethik ist eine Form der Wirtschaftsethik, die sich auf Konsumenten als moralische Akteure bezieht. Eine zentrale Funktion kommt der primären Verantwortung zu. Die Verbraucher sollen Verantwortung gegenüber sich selbst, gegenüber der Umwelt und in Bezug auf Unternehmen tragen. Neben die Konsumentenethik tritt die Ethik für Produzenten und Investoren; darüber hinaus muss sich z.B. der Einzelhandel verantwortungsbewusst zeigen. Mit solchen Akteuren beschäftigt sich die Unternehmensethik.

Verantwortung gegenüber sich selbst bedeutet, dass der Konsument sich als freie und mündige Person für oder gegen Produkte und Dienstleistungen entscheidet. Auch das Verhältnis zum eigenen Körper bzw. zur eigenen Gesundheit ist von Bedeutung. Verantwortung gegenüber der (natürlichen) Umwelt impliziert, dass der Konsument die Produktionsbedingungen und ihre Folgen für die Umwelt kennt, für Tiere, Pflanzen und Landschaften, und geeignete Produkte auswählt oder meidet. Verantwortung in Bezug auf die Wirtschaft, etwa Industrie und Einzelhandel, drückt sich darin aus, dass der Konsument im Wissen um die Produktions- und Arbeitsbedingungen sein Verhalten anpasst und Einfluss nimmt.

Moralische Fragen sind für Konsumenten von großer Bedeutung. Der Boom des sogenannten Fairen Handels und der Trend zu biologischen Produkten und nachhaltigen Konzepten sind Indizien dafür. Die vegetarische und vegane Ernährung breitet sich aus, weil die Verbraucher auf sich selbst und ihre (natürliche, belebte) Umwelt achten. Obwohl die Konsumenten gemeinschaftlich über eine enorme faktische Macht verfügen, ist es umstritten, ob sie individuell eine sekundäre oder gar tertiäre Verantwortung haben, also zur Verantwortung zu ziehen bzw. haftbar zu machen sind. Ihrer Verantwortung sind insofern Grenzen gesetzt, als sie manipuliert und nicht genügend informiert werden und nicht alle über ausreichend Zeit und Geld verfügen. Verbraucherzentralen und Einrichtungen für den Konsumentenschutz versuchen zur Aufklärung und Mündigkeit beizutragen. Sind diese in ausreichendem Maße vorhanden, können Konsumenten durchaus in die Pflicht genommen werden.

Künstliche Intelligenz

Der Begriff „Künstliche Intelligenz" („KI", engl.: „artificial intelligence" bzw. „AI") steht für einen eigenen wissenschaftlichen Bereich der Informatik, der sich mit dem menschlichen Denk-, Entscheidungs- und Problemlösungsverhalten beschäftigt, um dieses durch computergestützte Verfahren ab- und nachbilden zu können. Auch die Intelligenz von Maschinen selbst kann mit dem Begriff gemeint sein.

Bis zuletzt hat der Intelligenzbegriff der schwachen KI dominiert. Ihr geht es vornehmlich um die Simulation intelligenten Verhaltens. Allerdings werden durch die Praxis inzwischen Fähigkeiten nachgefragt, die man eher der starken KI zuordnen würde, die – seit ihren Anfängen in den 1950er-Jahren – ein Bewusstsein und Gefühle von Maschinen erreichen will und in wesentlichen Aspekten gescheitert ist. Roboter sollen vorsichtig gegenüber Menschen sein, in ihren Worten und Handlungen, und sie sollen sich moralisch verhalten.

Für die klassische und soziale Robotik spielt die KI eine zentrale Rolle. Nicht nur humanoide Kunstwesen müssen eine gewisse Intelligenz aufweisen, sondern z.B. auch Maschinen der Industrie 4.0. Ferner profitieren spezialisierte Agenten, hervorgebracht von der Informatik, von einschlägigen Fähigkeiten. Die Maschinenethik wird von Vertretern der Künstlichen Intelligenz und Philosophen dominiert, und ihr geht es um die (auch emotionale) Intelligenz von Maschinen bei Entscheidungen und Handlungen mit moralischen Implikationen.

Mehr und mehr wird die KI zum Experimentier- und Spielfeld von IT-Konzernen, Suchmaschinenanbietern und Betreibern von Social Networks. Diese wollen u.a. ihre Benutzer durchleuchten und sie auf Produkte aufmerksam machen, wollen sie kategorisieren und instrumentalisieren. Gerade die Ökonomisierung der Künstlichen Intelligenz könnte dieser enorme Sprünge ermöglichen, sie dabei aber auch neuen Zwängen und Beschränkungen unterwerfen.

Lebenslanges Lernen

Lebenslanges Lernen ist ein Konzept, mit dem man auf die Folgen der gesellschaftlichen, wirtschaftlichen und technologischen Veränderungen des Informationszeitalters reagieren will. Die einmalig in der Erstausbildung erworbenen Kenntnisse und Fähigkeiten reichen demnach für Arbeitnehmerinnen und Arbeitnehmer nicht aus, um technischen Innovationen oder neuen Arbeitsformen gewachsen und auf dem Arbeitsmarkt wettbewerbsfähig zu sein; vielmehr bedarf es einer lebenslangen Weiterqualifizierung, die neben dem formalen Lernen auch informelles Lernen umfasst. Die lebenslange Weiterbildung setzt beim Lernenden verschiedene Kompetenzen wie die Fähigkeit zur Selbstmotivation und -organisation und eigenständiges Lernen voraus. Ein Beispiel für eine Weiterqualifizierung im gegebenen Kontext ist die wissenschaftliche Weiterbildung, etwa in Wirtschaftsethik oder Informationsethik und allgemein in philosophischer Ethik.

Like-Button

Der Like-Button ist eine Funktion in Social Networks, Diskussionsforen und Kommentarbereichen, mit dessen Hilfe der Benutzer sein Wohlgefallen gegenüber Inhalten und Ereignissen ausdrücken kann. Er likt beispielsweise eine Fotografie und einen Artikel oder eine Ankündigung bzw. Besprechung. Manche Websites weisen auch einen Dislike-Button auf. Bei anderen Bewertungssystemen werden Sterne, Punkte und – wie bei Microblogs – Favoriten (Favs) benutzt. Sammelt man diese respektive wird man häufig gelikt, dann steigert man seine Reputation. Immer wieder kommt es vor, dass die Ankündigung oder Darstellung einer Folterung oder einer Hinrichtung gelikt wird, was für moralische Diskussionen und auch für Einlassungen von Medien- und Informationsethik sorgt.

Lineare Medien

Der wesentliche Unterschied zwischen Hypertexten und linearen Medien bzw. Dokumenten liegt in der Ordnung der Inhalte; während in Hypertexten die Informationseinheiten meist in eine Netz-, Baum- oder Gitterstruktur gebracht sind, ist in linearen Dokumenten der Inhalt sequenziell angeordnet.

Allerdings enthalten lineare Dokumente häufig Elemente, die typisch für Hypertexte sind und mit denen sich ein Leser im Text bzw. über den Inhalt orientieren kann, wie z.B. Inhaltsverzeichnis, Index, Fußnoten, Quer- und Literaturverweise. Eine Neuerung sind die hybriden Publikationsformen, bei denen QR-Codes und Funkchips eingebettet werden.

Lügenbot

Ein Lügenbot ist ein Chatbot, der Lügen erfindet und verbreitet. Er wurde in Artikeln aus dem Jahre 2013 („Der Lügenbot und andere Münchhausen-Maschinen") und 2015 („Können Maschinen lügen?", „Wenn ein Chatbot zum Lügenbot wird") skizziert. Es ist davon auszugehen, dass Maschinen in der Lage sind zu lügen, wenn sie mehr oder weniger absichtsvoll vorgehen und zugleich sprechen oder schreiben (und damit die Unwahrheit sagen) können. Informationen und Wissen aus verlässlichen Quellen werden in Falschinformationen und -behauptungen umgewandelt, etwa durch Negation. Der Lügenbot ist zunächst ein Gedankenexperiment; es ist aber auch vorstellbar, dass man ihn aus wissenschaftlichen Gründen oder in betrügerischer Absicht einsetzt.

In seinem Beitrag „Können Computer lügen?" von 2003 hat Rainer Hammwöhner den Heuristic Algorithmic Liar (HAL) entworfen, dessen Ziel es ist, möglichst viele Zimmer zu möglichst hohen Preisen zu vermieten, wobei das Akronym an den berühmten Computer in Stanley Kubricks „2001: A Space Odyssey" von 1968 gemahnt, der die Astronauten auf ihrem Flug belügt. In seinem Buch „Können Roboter lügen?", das den gleichnamigen Beitrag enthält, führt Raúl Rojas seine Bedenken an.

Er gelangt zum Schluss: „Roboter kennen die Wahrheit nicht, deswegen können sie nicht lügen." Wenn man allerdings das Lügen als das gezielte Aussprechen von Unwahrheiten begreift, haben Maschinen durchaus diese Fähigkeit.

Manipulation

Manipulation bedeutet, dass Menschen in ihrem Denken und Verhalten gesteuert werden, ohne dass ihnen dies bewusst bzw. ohne dass dies von ihnen gewollt wird. Sie kann mit Informations- und Kommunikationstechnologien und neuen Medien zusammenhängen, die Inhalte auf bestimmte Art und Weise zusammen- und darstellen. Die Informationsethik untersucht in diesem Kontext den Matthäus-Effekt und das virale Marketing. Technische Manipulation ist die gezielte Beeinflussung von Funktionen und Ergebnissen an technischen Einrichtungen bzw. durch technische Hilfsmittel und kann in die Manipulation von Menschen münden. Münchhausen-Maschinen können als Manipulationsmaschinen gedeutet werden.

Maschine

Maschinen sind künstliche Werkzeuge oder künstliche Wesen und in der Landwirtschaft, in der Fertigung, im Militär und im Alltag vertreten, als Landwirtschaftsmaschinen, Produktionsanlagen, Industrieroboter, Kampfdrohnen und Fahrkartenautomaten. René Descartes war der Meinung, dass Tiere seelenlose Automaten seien. In der Folge entwickelte sich die Maschinentheorie, in der Lebewesen als Maschinen aufgefasst wurden. Es werden immer mehr (teil-)autonome Systeme eingesetzt, die in bestimmten Situationen selbstständig entscheiden und handeln müssen, wie Drohnen, Roboter und Chatbots. Der Frage nach ihrer Moral widmet sich die Maschinenethik.

Maschinenethik

Die Ethik bezieht sich üblicherweise auf die Moral von Menschen, von Individuen und Gruppen, und in gewissem Sinne auf die Moral von Organisationen. Es kann in Abweichung davon auch um die Moral von Maschinen wie Agenten, bestimmten Robotern und bestimmten Drohnen gehen, insgesamt von mehr oder weniger autonomen Programmen und Systemen. Man mag in diesem Fall von einer Maschinenethik sprechen und diese der Informationsethik und der Technikethik zuordnen – oder auf eine Stufe mit der Menschenethik stellen. Die Informationsethik ist, wie jede andere Bereichsethik, im Kern eine Reflexions-, die Maschinenethik eine Gestaltungsdisziplin, was wiederum dafür spricht, diese als eigenständig zu betrachten. Den Begriff der Moral kann man mit Bezug auf Maschinen genauso hinterfragen wie den Begriff der Intelligenz. Der Begriff der Algorithmenethik wird teilweise synonym, teilweise eher in der Diskussion über Suchmaschinen und Vorschlagslisten sowie Big Data verwendet. Die Roboterethik ist eine Keimzelle und ein Spezialgebiet der Maschinenethik.

Die Pflichtethik oder Pflichtenethik bietet sich für die Implementierung von Moral offenbar an. Mit einer Pflicht, Verpflichtung oder Regel vermag eine Maschine etwas anzufangen. Zum Beispiel kann man ihr beibringen, die Wahrheit zu sagen (was immer die Wahrheit im jeweiligen Kontext ist). Kann die Maschine mehr, als irgendeine Regel zu befolgen? Kann sie die Folgen ihres Handelns bedenken und in diesem Sinne verantwortlich agieren? Kann sie also einer Folgen- oder Verantwortungsethik verpflichtet sein? Solche Fragen müssen von der jungen Disziplin beantwortet werden, immer mit Blick auf aktuelle technische Entwicklungen. Herauszukristallisieren scheint sich, dass sich klassische Modelle der normativen Ethik, seien sie auf Immanuel Kant oder auf Aristoteles zurückzuführen, für die maschinelle Verarbeitung grundsätzlich eignen, auch in ihrer Kombination.

Chatbots, Agenten und Avatare, die Benutzer unterstützen und vertreten, autonome Systeme an der Börse (Stichwort „Automatisierter Handel" bzw. „Hochfrequenzhandel"), selbstständig fahrende Autos sowie Kampfroboter und -drohnen eröffnen der deskriptiven und normativen Maschinenethik ein weites Feld und fordern Informations- und Technikethik heraus: Werden wir in unserer Freiheit und in unseren Möglichkeiten eingeschränkt? Wissen wir immer, dass wir es mit Computern zu tun haben, oder werden wir manchmal getäuscht? Werden die einen von

Diensten bevorzugt, die anderen benachteiligt? Schaden uns die Maschinen durch Wort und Tat? Wer übernimmt Verantwortung und lässt sich zur Verantwortung ziehen? Müssen sich die Maschinen uns gegenüber moralisch verhalten und wir uns gegenüber den Maschinen?

Die Maschinenethik ist ein Prüfstein für die Ethik. Sie kann neue Subjekte und Objekte der Moral beschreiben und aufzeigen, welcher normative Ansatz jenseits der auf Menschen bezogenen Moralphilosophie sinnvoll ist. Und sie muss klären, wieweit die normativen Modelle maschinenverarbeitbar und -ausführbar sind. In der Metamaschinenethik werden Menschen- und Maschinenethik und in diesen gebrauchte Begriffe verglichen. Die Anwendungsbereiche der Maschinenethik haben hochrelevante wirtschaftliche und technische Implikationen. Wir brauchen Ethik nicht mehr nur, um unser Zusammenleben zu beschreiben und zu überprüfen, sondern auch, um unser Überleben in der Informationsgesellschaft zu sichern.

Maschinenstürmer

Das Maschinenzeitalter begann im 18. Jahrhundert. Schon in der Antike gab es Maschinen aller Art, sogar Automaten. Aber die Mechanisierung und Automatisierung im großen Maßstab erfasste die Welt erst spät. Die Stürmer zerstörten Maschinen, etwa mechanische Webstühle, und ganze Fabriken. Sie wollten sich dadurch ihre Existenzgrundlage erhalten, freilich ohne Erfolg. Erstes Ziel der alten Wirtschaft war die Sicherstellung des Lebensunterhalts: von der Hand in den Mund und von Hand zu Hand, im Handel und im Tausch. Die moderne Ökonomie erreichte bei den Betroffenen das Gegenteil. Handwerker verloren ihre Arbeit und versanken mit ihren Familien in Armut.

In der Informationsgesellschaft können moderne Maschinenstürmer auftreten, die sich gegen Industrieroboter wenden, die Arbeitskräfte ersetzen, oder gegen Roboterautos, die Verkehrsteilnehmer verletzen. Dies ist ein Thema von Technik- und Informationsethik, die die Motive und

Motivationen der Aufständischen und ihren moralischen Anspruch herausarbeiten mögen. Die Maschinenethik kann versuchen, solche Maschinen zu schaffen, die die Maschinenstürmer beruhigen und bei deren Entscheidungen und Handlungen die Vorteile die Nachteile überwiegen.

Mashup

Mashup (engl. „to mash": „mischen") ist das Erstellen neuer Inhalte durch die Kombination bereits bestehender, vor allem im Kontext des Web 2.0. Texte, Bilder, Töne und Videos werden mit Hilfe von offenen Programmierschnittstellen und einfachen Funktionen zusammengefügt. Häufig sind geografische Daten die Grundlage. Beispielsweise reichert man Stadtpläne oder Landkarten mit Beschreibungen, Kommentaren und Fotografien an. Die Wiederverwendung von Inhalten und Daten, die womöglich für einen ganz anderen Zweck gedacht und in einem ganz anderen Kontext verortet waren, berührt Fragen des Datenschutzes und des Urheberrechts.

Matthäus-Effekt

Der Matthäus-Effekt spielt im Web, insbesondere im Web 2.0, eine wichtige Rolle. Frei nach dem Evangelisten kann man sagen, dass die, die viel haben, noch mehr bekommen, und die, die wenig haben, noch weniger. Ursprünglich wurde der Effekt in Bezug auf die Zitationshäufigkeit im Wissenschaftsbetrieb festgestellt, später auf Web und Web 2.0 übertragen. Suchmaschinen wie Google rücken in der Trefferliste diejenigen Websites nach oben, die bereits viel besucht werden bzw. auf die vielfach verlinkt wird. Vorschlagslisten wie Meistgelesen-Rubriken und Wortwolken (Tag Clouds) in Zeitungen und Zeitschriften locken die Leser zu häufig aufgerufenen Artikeln. Der Matthäus-Effekt wird durchaus kontrovers diskutiert, sowohl im Grundsatz als auch im Detail.

Medien

Im allgemeinen Sprachgebrauch werden unter Medien in der Regel entweder Einrichtungen zur Vermittlung von Nachrichten, Meinungen und Informationen wie Rundfunkanstalten oder Verlagshäuser verstanden oder Übertragungstechnologien, die der Kommunikation zwischen Personen und der Speicherung und Vermittlung von Information dienen. Beispiele für Medien im letzteren Sinne sind gedruckte Medien wie Bücher, Zeitungen oder Zeitschriften, Audiomedien wie bestimmte Compact Discs oder Tonbänder, visuelle Medien wie Dia, Film oder Video sowie neue Medien wie Computer oder Software. Massenmedien heißen Medien dann, wenn sie die Distribution von Informationen an große Gruppen erlauben. In den Kommentarbereichen, die vor allem von den Onlineausgaben der Printmedien und von Onlinezeitungen angeboten werden, kann man ein Gegengewicht einbringen und eine Mindermeinung aufscheinen lassen, sofern der Moderator dies zulässt.

Mediendidaktik

Die Mediendidaktik als Teilgebiet der Didaktik befasst sich mit der Funktion und Wirkung von Medien in Lehr- und Lernprozessen und untersucht, welche Medien für diese Prozesse besonders geeignet sind und wie sie gestaltet und verwendet werden können, um Lernprozesse anzuregen und Lehrziele zu erreichen. Am Rande kann es auch um Fragen der Medien- und Informationsethik gehen.

Medienethik

Die Medienethik hat die Moral der Medien und in den Medien sowie von Medienschaffenden zum Gegenstand. Es interessieren sowohl die Arbeitsweisen und Abhängigkeiten der Massenmedien als auch die Verhaltensweisen der Benutzer von sozialen Medien. Zudem rücken Automatismen und Manipulationen durch Informations- und Kommunikationstechnologien in den Fokus, wodurch eine Nähe zur Informationsethik entsteht. Auch zur Wirtschaftsethik sind enge Beziehungen vorhanden, zumal die Medienlandschaft im Umbruch ist und die ökonomischen Zwänge stark sind.

Nach Annemarie Pieper beschäftigt sich die Medienethik mit Fragen einer korrekten Information seitens der Journalisten, Redakteure und übrigen Medienschaffenden, die auf der Basis genauer Recherchen und unvoreingenommener Berichterstattung ihrer Wahrheitspflicht nachkommen sollen. Otfried Höffe betont, dass die Medienethik vor allem unter Rückgriff auf das journalistische Berufsethos sowie aus der Perspektive der Medienpädagogik behandelt wurde; ein denkbares Paradigma für eine umfassende Disziplin könne unter Umständen eine journalistische Freiheit nach dem Vorbild der akademischen bilden. Nach Pieper disqualifizieren fingierte Fakten, einseitig selektive Nachrichten, manipulative Maßnahmen und tendenziöse Berichte den Journalismus und stehen daher im Mittelpunkt des Interesses.

Neben den Medienschaffenden sind die Maschinen aktiv, insofern sie Nachrichtenportale füttern, Zeitungen und Bücher zusammenstellen sowie Content produzieren (Robo-Content oder Robot-Content). Der Matthäus-Effekt scheint in verschiedenen Zusammenhängen zu wirken: Suchmaschinen rücken in der Trefferliste diejenigen Websites nach oben, die bereits viel besucht werden bzw. auf die viel verlinkt wird, Vorschlagslisten und Tag Clouds in Onlinezeitungen und -zeitschriften locken die Leser zu Artikeln, die bereits häufig gelesen wurden. User-generated Content und Berichte von Leserreportern ersetzen den Qualitätsjournalismus, wo er noch vorhanden ist; umgekehrt sind hochwertige neue Angebote im Internet zu finden, mit Dienstleistungen wie interaktiven Schaubildern. Live- oder Real-time-Journalismus ist offenbar das Gebot der Stunde, führt aber tendenziell zu oberflächlichen Beiträgen. Die Medienethik muss, zusammen mit Informations- und Wirtschaftsethik, auf diese Umwälzungen reagieren.

Medienkompetenz

Medienkompetenz ist die Befähigung, mit Medien aller Art souverän umgehen zu können, sie also in ihrer Vielfalt und Funktion zu kennen und in ihrer Wirkung zu beurteilen, sie aktiv einzusetzen und passiv zu gebrauchen sowie zu gestalten. Insbesondere in Bezug auf die Beurteilung der Wirkung neuer Medien bestehen Verbindungen mit der Informationsethik. Ob Medienkompetenz als eigenes Fach eingerichtet oder in die vorhandenen Curricula integriert werden sollte, ist bei Experten und Betroffenen stark umstritten. Wenig umstritten ist, dass es Medienbildung in irgendeiner Form braucht, gerade mit Blick auf neue und soziale Medien.

Medizinethik

Die Medizinethik hat die Moral in der Medizin zum Gegenstand. Eine empirische Medizinethik – jede Bereichsethik weist, wie die Ethik an sich, einen empirischen und einen normativen Teil auf – untersucht das moralische Denken und Verhalten in Bezug auf die Behandlung menschlicher Krankheit und die Förderung menschlicher Gesundheit. Eine normative Medizinethik befasst sich nach Bettina Schöne-Seifert „mit Fragen nach dem moralisch Gesollten, Erlaubten und Zulässigen speziell im Umgang mit menschlicher Krankheit und Gesundheit". Zudem kann insgesamt der Umgang mit tierischer Krankheit und Gesundheit reflektiert werden.

In der normativen Medizinethik kann, frei nach einer Einteilung von Schöne-Seifert, wie folgt gefragt werden: a) Wie ist die Autonomie von Patienten zu bewerten und zu schützen? b) Wie steht es um die Zulässigkeit fürsorglicher Fremdbestimmung? c) Wie soll mit Patientenverfügungen umgegangen werden? d) Was ist ein lebenswertes Leben und welchen Wert hat das Leben an sich? e) Wie aktiv oder passiv darf man im medizinischen Kontext sein? f) Wie weit darf man in die Natur und in den Körper eingreifen? Mit der Wirtschaftsethik sollte sich die Medizinethik ständig austauschen, schon insofern das Gesundheitswesen unter einem hohen ökonomischen Druck leidet. In angrenzenden Bereichsethiken wie der Altersethik und der Sterbeethik wird z.B. die Kommerzialisierung und Instrumentalisierung von Alterspflege und Sterbehilfe erforscht. Im Zentrum der angewandten Ethik kann man die Informationsethik verorten. Einige Fragen der Medizinethik sind angesichts technologischer Innovationen neu zu stellen: Wie ist die Autonomie von Patienten in der Informationsgesellschaft zu schützen? Wie steht es um die Zulässigkeit fürsorglicher Fremdbestimmung im virtuellen Raum?

Mit der Entwicklung von medizinischen Apps, elektronischen Assistenzsystemen sowie Operations-, Pflege- und Therapierobotern sieht sich die Medizinethik vor neuen Herausforderungen. Auch die Verschmelzung von Mensch und Maschine in sogenannten Cyborgs wird ein wichtiges Anwendungs- und Forschungsfeld sein. Mediziner und Medizinethiker müssen sich informationstechnisch weiterbilden, Informationsethiker sich im Medizinischen und Medizinethischen qualifizieren. Bei Erwerb und Nutzung der Apps, Geräte und Roboter ergeben sich informations- und wirtschaftsethische Herausforderungen, z.B. hinsichtlich des Missbrauchs von Daten und des Ausschlusses von Risikopatienten von Versicherungsleistungen. Nicht zuletzt muss sich die Medizinethik gesellschaftlichen und politischen Diskussionen öffnen, beispielsweise solchen um die Beschneidung von Kindern oder die Durchführung von Schönheitsoperationen.

Mehrwert

„Mehrwert" ist ein zentraler Begriff der marxistischen Lehre und bezeichnet in der Arbeitswerttheorie den Unterschied zwischen dem Wert der Arbeitsleistung und dem Arbeitslohn. Im Bereich der Informations- und Kommunikationstechnologien und neuen Medien meint der Begriff ein „Mehr an Wert", wobei ein früherer bzw. alternativer Zustand oder eine einfachere Variante als Bezugspunkt genommen wird. Beispielsweise besitzt ein informationstechnisches Produkt, das veredelt wurde, einen

Mehrwert, oder eine informationstechnische Dienstleistung, die man optimiert hat.

Das Mehr an Wert könnte auch im moralischen Sinne aufgefasst und mit dem Return on Morality (ROM) verbunden werden. Zum Beispiel würden ohne Giftstoffe oder Fronarbeit produzierte Smartphones unter Umständen sowohl moralisch wertvoller sein als „normale" Geräte als auch die Rendite steigern. Nebenbei wird deutlich, dass das Mehr an Wert durch ein Weniger an problematischen Substanzen, Bedingungen etc. entstehen kann, ähnlich wie bei Bioprodukten.

Meme

Der Begriffs des Mems umfasst Gedanken, Ideen, Vorstellungen, Lösungsansätze etc., die kommuniziert und mithin multipliziert werden. Mit „Mem" oder „Meme" (nach der englischen Schreibung) werden auch Phänomene bezeichnet, die sich in sozialen Medien und überhaupt in virtuellen Umgebungen in viraler Weise verbreiten und im besten (oder schlechtesten) Fall in den Köpfen der Menschen festsetzen.

Menschenethik

Menschenethik ist die Ethik, die die Moral des Menschen betrachtet. Bis in die heutige Zeit hinein war Ethik immer Menschenethik. Tieren kann man allenfalls vormoralische Qualitäten zusprechen. Maschinen dagegen fällen Entscheidungen, die moralisch relevant sind, und man kann ihnen eine Form der Moral beibringen; dies ist Thema der Maschinenethik, die als Pendant zur Menschenethik verstanden werden kann. Dabei ist unbestritten, dass die Subjekte der Moral ganz unterschiedlich sind und die Moral der Menschen eine ganz andere ist als die Moral der Maschinen, es sei denn, die Menschen beziehen sich stur auf einen Kodex, ein bestimmtes Regelwerk, das von Maschinen ebenfalls recht problemlos befolgt werden kann.

Mensch-Maschine-Interaktion

Die Mensch-Maschine-Interaktion (MMI), im Englischen „human-machine interaction" (HMI) genannt, behandelt die Interaktion zwischen Mensch und Maschine. Synonym oder mehr auf die Kommunikation bezogen spricht man auch von Mensch-Maschine-Kommunikation („human-machine communication"). In vielen Fällen ist die Maschine ein Computer bzw. enthält Informations- und Kommunikationstechnologien (IKT) und Anwendungs- oder Informationssysteme. Von daher existieren enge Beziehungen zur und erhebliche Überschneidungen mit der Mensch-Computer-Interaktion (MCI), im Englischen „human-computer interaction" (HCI). Spektakuläre jüngere Produkte, an denen die MMI mitgewirkt hat, sind Touchscreen und Datenbrille.

Der Fachbereich Mensch-Computer-Interaktion der Gesellschaft für Informatik (GI) in Deutschland definiert auf seiner Website unter der Überschrift „Ziele und Aufgaben" als Themen der MCI – die auch zentral für die Mensch-Maschine-Interaktion sind – u.a. „die benutzerorientierte Analyse und Modellierung von Anwendungskontexten", „Prinzipien, Methoden und Werkzeuge für die Gestaltung von interaktiven, vernetzten Systemen" und „multimodale und multimediale Interaktionstechniken". Evaluation und Zertifizierung spielen ebenfalls eine wichtige Rolle. Zudem wird die Integration der benutzergerechten Gestaltung von Informatiksystemen in die Softwareentwicklung angeführt.

Innerhalb der MMI und neben der MCI ist die Mensch-Roboter-Interaktion (engl. „human-robot interaction") relevant. Roboter sind nicht einfach Computer; oft sind sie mobil und haben, vor allem wenn sie tier- oder menschenähnlich umgesetzt sind, einen Körper und Gliedmaßen. Ihre Art der Verkörperung (engl. „embodiment") hat mannigfache Implikationen, für Fortbewegung und Selbstlernen sowie die Mensch-Maschine-Interaktion. In der Tier-Maschine-Interaktion geht es, wenn man den Begriff analog zu demjenigen der MMI denkt, um Design, Evaluierung und Implementierung von (in der Regel höherentwickelten bzw.

komplexeren) Maschinen und Computersystemen, die mit Tieren interagieren und kommunizieren. Im englischsprachigen Raum taucht der Begriff „animal-machine interaction" (AMI) durchaus auf. Der deutsche Begriff muss sich erst etablieren.

Bei teilautonomen und autonomen Maschinen wie intelligenten Agenten, bestimmten Robotern, bestimmten Drohnen und selbstständig fahrenden Autos stellt sich die Frage nach dem adäquaten Design nicht bloß im herkömmlichen, sondern auch im sozialen und moralischen Sinne („ethics by design"). Sie sollen sich z.B. zum Wohle ihrer Interaktionspartner verhalten und diese weder verletzen noch beleidigen. Die Maschinenethik begreift Maschinen als Subjekte der Moral, Menschen und Tiere als Objekte. Sie kann, wie die soziale Robotik, die sich mit (teil-)autonomen Maschinen beschäftigt, die in Befolgung sozialer Regeln mit Menschen (evtl. auch mit Tieren) interagieren und kommunizieren, eine wichtige Partnerin der Mensch-Maschine-Interaktion sein.

Die MMI gewinnt offensichtlich neue Bereiche hinzu. Für die beteiligten Disziplinen – die GI nennt auf ihrer Website, ausgehend von der Informatik, u.a. Design, Pädagogik, Psychologie, Organisations-, Arbeits- und Wirtschaftswissenschaften, Kultur- und Medienwissenschaften sowie Rechts- und Verwaltungswissenschaften (hinzuzufügen wären noch Philosophie und Ethik im Allgemeinen und Maschinen- oder Roboterethik im Besonderen sowie die Künstliche Intelligenz, die allerdings als Teilbereich der Informatik aufgefasst werden kann) – ergeben sich damit verschiedene Herausforderungen. Sie müssen sich mit bis dato unbekannten Objekten befassen, und sie müssen weitere Disziplinen wie Tierethik und Biologie neben sich zulassen. Ist die interdisziplinäre Kraftanstrengung von Erfolg gekrönt, sind disruptive Technologien zu erwarten, die auch für die Wirtschaft erhebliche Bedeutung haben, sei es als Teil cyber-physischer Systeme in der Industrie 4.0, sei es in Form innovativer Endbenutzerwerkzeuge.

Mensch-Roboter-Kooperation

Bei der Mensch-Roboter-Kooperation arbeiten Mensch und Roboter in Kooperationszellen oder Arbeitsräumen zusammen. Es findet eine Arbeitsteilung statt, etwa indem sich Mensch und Roboter bei der Bearbeitung von Produkten abwechseln oder indem der Roboter benötigte Teile und Werkzeuge bringt und holt. Auch besonders schwere oder gefährliche Arbeiten kann die Maschine übernehmen. Damit der Mensch in der Nähe der Zusammenarbeit nicht zu Schaden kommt, braucht es die soziale Robotik, womöglich auch die Maschinenethik. Die Mensch-Roboter-Kooperation ist auch Thema der Mensch-Roboter-Interaktion.

Metadaten

Unter Metadaten werden Daten über Daten bzw. zu Inhalten verstanden. Man setzt sie ein, um Ressourcen und Objekte aller Art zu beschreiben. Ein Beispiel für Metadaten sind die Angaben in Bibliothekskatalogen zur formalen und inhaltlichen Einordnung eines Mediums (Autor, Titel, Veröffentlichungsdatum, Schlagwörter und Standort).

Durch die Verbreitung des Internets und das Aufkommen des elektronischen Publizierens sind digitale Informationen in großer Menge für jedermann frei oder zumindest leicht verfügbar geworden. Metadaten stellen hier eine Möglichkeit dar, den qualitativen Zugriff auf Ressourcen und Objekte zu gewährleisten. Etwa können sie Angaben zum Urheber, zum Kontext, zur Version und zur technischen Spezifikation beinhalten. Zudem sollen sie die Verarbeitung und Wiederverwertung ermöglichen.

Mittels Metadaten ist es auch möglich, nichttextuelle Daten wie Grafiken, Fotos, Audio- und Videodateien suchbar zu machen. Mehr und mehr setzen sich Verfahren zur direkten Analyse von Content durch. Insofern scheinen Metadaten eines Tages obsolet zu werden. Allerdings kann man mit ihnen eine hohe Präzision erreichen, und sie dienen nicht nur der Systematisierung und Strukturierung, sondern auch der Kommentierung.

Metaethik

Die Metaethik analysiert ethische Begriffe und Aussagen, nimmt sich der Methoden und Ansätze der Ethik an und fragt nach deren Sinn und Zweck. Auch die Begründung einer Bereichsethik wie der Informationsethik kann ihr zugehören. Im angelsächsischen Sprachraum versteht man unter der Metaethik eine Metamoral, in der man moralische Begriffe und Aussagen auf ihre sprachliche Form, ihren Sinn und ihre Bedeutung hin untersucht.

Microblog

Microblogs oder Mikroblogs, sozusagen kleine Blogs, wurden ursprünglich als Kurznachrichtendienste im World Wide Web konzipiert. Man informiert sich mit Hilfe von Posts bzw. Tweets, die nur wenige Zeichen umfassen, oder verkündet bzw. kommentiert Neuigkeiten. Es werden auch Gespräche geführt, Witze gemacht und Werbebotschaften verbreitet. Zudem experimentieren Autoren mit Kurzformen, mit Prosa ebenso wie mit Lyrik. Zu den bekanntesten Diensten gehört Twitter. Der dort entstandene Begriff für die Posts (engl. „to tweet": „piepsen", „zwitschern") wird inzwischen übergreifend verwendet.

Ausgangspunkt ist der von einer Person oder Organisation betriebene Account mit einer kurzen Bezeichnung und einem kurzen Benutzernamen (dem bei Twitter ein @-Zeichen vorangestellt wird), die zusammen mit einem selbstgewählten Bild bzw. Avatar erscheinen. Wenn man sich mit dem verifizierten oder nicht verifizierten Account verbindet, wird man zum Follower. Man sieht in seinem persönlichen Stream die aktuellen Tweets. Diese enthalten häufig Links auf externe Fotos, Filme oder weiterführende Texte. Manche Plattformen bieten den Upload von Ressourcen an.

In die Kritik geraten Microblogs wegen der starken Verkürzung von Aussagen sowie der enormen Schnelligkeit und geringen Gründlichkeit, mit der Posts abgesetzt werden. In Diskussionen kommen häufig

Missverständnisse auf. Zugleich kann man mit Microblogs Proteste initiieren und Kampagnen lancieren, mit oder ohne Hilfe von Hashtags. Die Informationsethik befasst sich mit der Aggregation von Inhalten, mit der Anonymität der Benutzer, mit der Demonstration von Macht und Ohnmacht sowie mit Shit- und Candystorm. Zusammen mit der Wirtschaftsethik untersucht sie moralische Implikationen des viralen Marketings. Tweet-Funktionen sind heute Bestandteil zahlreicher sozialer Medien.

Militärethik

Die Militärethik beschäftigt sich mit der Moral in militärischen Auseinandersetzungen und Einrichtungen. Dabei fragt sie auch im Sinne einer Individualethik nach der Verantwortung von Soldaten und Politikern. Es gibt, beim Einsatz von Kampfrobotern und -drohnen mit einem hohen Grad an Autonomie, Überschneidungen mit der Maschinenethik.

Mobile Business

Mobile Business kann als Teilbereich des E-Business verstanden werden, in dem Information, Kommunikation, Interaktion und Transaktion über mobile Endgeräte und passende Netze stattfinden. So wie E-Business mehr als E-Commerce meint, also nicht nur den Verkauf und Kauf von Produkten und Dienstleistungen, sondern auch andere Belange professioneller Beziehungen, meint Mobile Business mehr als Mobile Commerce. So ist Mobile Learning eine Ausprägung des Mobile Business, ob es sich um entgeltliche oder unentgeltliche Angebote handelt.

Zur Initialzündung des Mobile Business haben Smartphones und Tablets sowie, damit zusammenhängend, die App Stores beigetragen, über die man Software, Anwendungen für das Konsumieren von Medien sowie Produkte wie Spiele und Bücher herunterladen kann. Auch Webapps, die anders als normale Websites wirken, sind von Bedeutung. Etabliert sind Mobile Ticketing (unter Verwendung von DataMatrix- und Aztec-Codes) und Mobile Tagging (mithilfe von QR-Codes). Zu den wichtigsten

Experimentierfeldern gehören Bezahlfunktionen im Sinne des Mobile Payment. Dank der starken Verbreitung von mobilen Endgeräten und der hohen Verfügbarkeit von entsprechenden Netzen und Diensten geht E-Business immer mehr in Mobile Business auf.

Beim Mobile Business besteht der Vorteil, dass die Benutzer – anders als im WWW – relativ einfach und eindeutig identifiziert werden können. Dies ist zugleich, wegen der möglichen Durchleuchtung und Überwachung, ein Nachteil. Mehr noch als im klassischen Web wird man zum gläsernen Kunden, der sogar seinen jeweiligen Standort (der über GPS oder Funknetze festgestellt wird) oder seine persönlichen Kontakte (die auf dem Handy bzw. der SIM-Karte gespeichert sind) verraten mag. Zudem eröffnen die Nutzung von QR-Codes und der Einsatz von Augmented Reality neue Sicherheitsrisiken. Nicht zuletzt nehmen Angriffe und Spam im mobilen Bereich zu. Dennoch wird sich Mobile Business weiter verbreiten und weitere Transformationen im B2B-, B2C- und B2E-Bereich bewirken.

Moderator

Ein Moderator leitet und steuert eine Veranstaltung oder eine Sendung. Er gibt Impulse, erklärt, vermittelt, stellt Übergänge her, erteilt Redeerlaubnis und unterbricht unfruchtbare oder beleidigende Auseinandersetzungen. Er ist in Chats – dort zuweilen Operator (engl. „operator") genannt – und in Diskussionsforen sowie in Kommentarbereichen von Onlinezeitungen und Weblogs zu finden. Auch Videokonferenzen oder Sessions in Virtuellen Klassenzimmern machen aufgrund ihrer kommunikativen Möglichkeiten oft Moderatoren notwendig. Zu deren speziellen Aufgaben gehören die Überwachung der Einhaltung der Netiquette bzw. Chatiquette und die Strukturierung und Zusammenfassung von Diskussionen.

MOOC

Ein MOOC, ein Massive Open Online Course, ist ein internetbasierter Kurs, der sich an viele Teilnehmende richtet (engl. „massive": „riesig, enorm"), offen für alle (engl. „open") und meist kostenlos ist. Man unterscheidet zwischen xMOOCs („x" für engl. „extension"; die Harvard University machte mit diesem Buchstaben in ihren Verzeichnissen auf virtuelle Kurse aufmerksam) und cMOOCs („c" für „connectivism").

Vorläufer von MOOCs gab es bereits um die Jahrtausendwende. Auch im deutschsprachigen Raum experimentierten Hochschulen mit Formen, die Videos und Folien integrieren und den heutigen xMOOCs ähneln. Massive Open Online Courses erreichen Menschen mit unterschiedlichem Bildungshintergrund. In einigen Kursen sind zehntausende Teilnehmerinnen und Teilnehmer eingeschrieben. Ein xMOOC ist eher lehrerzentriert und formell, ein cMOOC eher lernerzentriert, informell und den sozialen Medien verpflichtet.

Stanford University, Massachusetts Institute of Technology (MIT) und Harvard University gehören zu den Pionieren und Referenzen. Andere Hochschulen haben sich zu Verbünden zusammengeschlossen oder beliefern mit ihrem Content professionelle Plattformen. Auf diesen kann man Kurse suchen und buchen und sich austauschen. Manche Anbieter tragen dem Bedürfnis nach Mobile Learning Rechnung.

MOOCs sind leicht zugängliche und doch anspruchsvolle Lernumgebungen. In der Kritik stehen sie wegen didaktischer Schwächen und hoher Abbrecherquoten. Unklar ist auch, was die Zertifikate wert sind, ob Marken wegen des massenhaften und schwer kontrollierbaren Geschäfts geschädigt werden und welche Geschäftsmodelle ein hochwertiges und nachhaltiges Angebot sicherstellen.

Moral

Der Begriff der Moral (die lateinische Übersetzung von „Ethik") zielt auf die normativen Aspekte im Verhalten des Menschen gegenüber sich selbst, gegenüber anderen Menschen und gegenüber der belebten (und evtl. auch unbelebten) Umwelt. Die Moral ist wie die Sprache intersubjektiv und kann wie diese subjektiv ausgestaltet werden. Zu ihr zählen, Otfried Höffe folgend, Tabus, Verhaltensregeln, Wertmaßstäbe und Sinnvorstellungen. Tiere haben allenfalls vormoralische Anlagen. Die Handlungen von Maschinen (insbesondere autonomen Systemen) können moralische Implikationen haben und sich an moralischen Maßstäben orientieren. Die Moral ist der Gegenstand der Ethik; die Informationsethik hat die Moral der Mitglieder der Informationsgesellschaft zum Gegenstand, die Maschinenethik die Moral der Maschinen.

Moralische Begründungen

Annemarie Pieper unterscheidet zwischen moralischen und ethischen Begründungen. Man kann auch von moralisch-ethischen und ethisch-philosophischen Begründungen sprechen. Denn manche der moralischen Begründungen, wie die Bezugnahme auf Tatsachen wie das Leiden, werden auch als Argumente in der Ethik benutzt, und die ethischen Begründungen und Beschreibungen sind teilweise in verschiedenen Disziplinen der Philosophie zu finden oder an deren Methoden angelehnt.

Zu den moralischen Begründungen gehören neben der Bezugnahme auf Fakten (wie die Leidensfähigkeit) die Bezugnahme auf Gefühle, mögliche Folgen, einen Moralkodex, moralische Kompetenz, eigene Gefühle und das Gewissen. Alle Begründungen können nachvollziehbar sein; manche sind schwächer, manche stärker. Zu den schwächeren zählt die Bezugnahme auf eine (oft als heilig angesehene) Schrift, da hier die rationale und emotionale Eigenleistung des moralischen Subjekts fehlt. Auch der Rat eines Ethikers in moralischen Fragen sollte mit Vorsicht genossen und angeführt werden.

Moralische Kompetenz

Nach Annemarie Pieper vermitteln sich im Begriff der moralischen Kompetenz – der Einsicht und Besonnenheit im Bereich des Praktischen sowie Entschlusskraft und Verantwortungsbewusstsein meine – Moral und Moralität. Ethikunterricht kann moralische Kompetenz erzeugen; diese muss aber nicht zu moralischem Handeln führen. Ethische Kompetenz ist Sachkenntnis in Bezug auf ethische Begriffe und Modelle.

Moralische Maschinen

Moralische Maschinen sind mehr oder weniger autonome Systeme, die über moralische Fähigkeiten verfügen. Sie werden entweder als solche konzipiert oder auf der Basis von gewöhnlichen Maschinen entwickelt, die den Prozess des Moralisierens durchlaufen müssen. Eine mögliche Form sind einfache moralische Maschinen. Es ist sehr schwer, komplexe moralische Maschinen zu bauen, die in offenen Welten eine Vielzahl von Situationen beurteilen können, aber relativ simpel, einfache Maschinen in einfache moralische Maschinen zu verwandeln. Beispiele sind 3D-Drucker, die die Produktion von Waffen verweigern, Saugroboter, die Spinnen und Käfer verschonen, und Chatbots, die auf heikle Aussagen adäquat reagieren. Relevante Disziplinen in diesem Zusammenhang sind u.a. Maschinenethik, Robotik, Künstliche Intelligenz und Informatik.

Moralischer Zweifel

Der moralische Zweifel lässt einen zwischen Billigung und Missbilligung einer Handlung schwanken oder Denkweisen und Handlungen einer Überprüfung unterziehen. Er ist grundsätzlich hilfreich für eine Moral, die der Rationalität Respekt erweist und der Individualität Raum lässt; im Einzelfall kann er einen auch abweichen lassen von einem vordem als richtig erkannten Weg. Im Zuge einer systematischen und wissenschaftlich fundierten Überprüfung wird der moralische zum ethischen Zweifel, der ein methodischer Zweifel ist, wie ihn René Descartes in konsequenter

Weise angewandt hat. Ein Ausgangspunkt für den methodischen Zweifel kann die Frage sein, ob man dem letzten Wort von religiösen und politischen Autoritäten oder vorbehaltlos dem Natürlichen, Gewohnten oder Bewährten folgt, womit man gegen Grundprinzipien der philosophischen Ethik verstoßen würde. Der moralische Zweifel ist typisch für die Informationsgesellschaft, die sich im ständigen Umbruch befindet.

Moralisieren

Das Moralisieren ist der Ausdruck des Moralismus. In Veröffentlichungen von Oliver Bendel aus den Jahren 2013 und 2014 wird mit diesem Begriff auch das Umwandeln von Maschinen in moralische Maschinen bezeichnet. Das Moralisieren in diesem Sinne ist ein Optimieren aus maschinenethischer Sicht.

Moralismus

Im Moralismus wird das Moralische erhöht. Der Moralist benutzt die Moral, um sich über andere zu erheben, und trägt seine Moralität zur Schau. Er ist ein Prinzipienreiter und als solcher in der Tugendethik und in der Pflichtenethik eher unterwegs als in der Folgenethik, wobei er deren rationale Anstrengungen im Moralisieren auflöst. Der Moralismus der Informationsgesellschaft kann im Shitstorm ebenso wie im Candystorm münden.

Moralität

Moralität als Sittlichkeit ist – Otfried Höffe folgend – die Verbindlichkeit im sittlichen Denken und Handeln gegenüber anderen Menschen, gegenüber der belebten und unbelebten Umwelt und gegenüber sich selbst. Sie wendet sich an Menschen als vernunftbegabte und freie Wesen und verpflichtet sie, das moralisch Richtige zu tun, wenn dieses als solches erkannt worden ist. Bei Immanuel Kant ist die Moralität – gemäß dem „Wörterbuch der philosophischen Begriffe" – die Übereinstimmung des

Willens mit dem Sittengesetz; Georg Wilhelm Friedrich Hegel macht zwischen (der nach ihm eher individuellen) Moralität und (der eher gesellschaftlichen) Sittlichkeit einen Unterschied.

Moralkritik

Friedrich Nietzsche übt fundamentale Kritik an der Moral und nimmt eine „Umwertung aller Werte" vor. Der „Sklavenmoral" der Religionen stellt er seine „Herrenmoral" gegenüber. Niklas Luhmann wirft der Moral Förderung von Gewalt sowie Nutzlosigkeit vor. Er betreibt neben Moral- auch Ethikkritik und bemerkt, dass die Disziplin weder vor der „Gewaltbereitschaft" der Moral warnt noch deren Nutzlosigkeit rügt.

Münchhausen-Maschinen

Der Begriff der Münchhausen-Maschinen wurde in den Artikeln „Der Lügenbot und andere Münchhausen-Maschinen" (2013), „Können Maschinen lügen?" (2015) und „Wenn ein Chatbot zum Lügenbot wird" (2015) erwähnt. Diesen zufolge können Roboter, Chatbots, Sprachassistenten oder Internetdienste lügen, wenn sie sprechen oder schreiben (und damit die Unwahrheit sagen) können. Vorausgesetzt wird keine Bewusstheit der (Sprech-)Handlung, allenfalls eine Absichtlichkeit. Die Chatbots mutieren dabei zu Lügenbots. Informationen und Wissen aus verlässlichen Quellen werden in Falschinformationen und -behauptungen umgewandelt, etwa durch Negation.

Nachhaltigkeit

Nachhaltigkeit – ursprünglich ein Konzept aus der Ökologie – beinhaltet als zentralen Aspekt den umwelt- und generationenverträglichen Umgang mit Ressourcen. Die Produktion von elektronischen Geräten wie Smartphones und Tablets ist in diesem Kontext zu sehen und mit ihren moralischen Konnotationen auch Gegenstand von Umwelt-, Wirtschafts- und Informationsethik. Letztere interessiert sich im Rahmen der Generationengerechtigkeit vor allem für die Informationsgerechtigkeit.

Nerd

Ein Nerd (engl. „nerd") ist ein Streber, Sonderling, Schwachkopf und Langweiler, aber auch ein Fachidiot und ein Computerfreak (engl. „computer nerd"). Ein Geek (engl. „geek") ist ein Streber, ein Außenseiter, ein Stubengelehrter und ein Computerfreak. Wer ein Nerd ist, aber keiner sein will, nennt sich gerne Geek. Inzwischen bekennen sich aber auch viele Computerexperten, -spieler und -freaks sowie Techniker und Ingenieure zu der Bezeichnung, deren Herkunft bis heute nicht geklärt ist. Der Nerd ist verantwortlich dafür, dass die Informationsethik ein nicht mehr überschaubares Problemfeld zu bearbeiten hat, und interessiert sich zugleich für Fragen der Moral, was in der Hackerethik und auf Konferenzen wie der re:publica zum Ausdruck kommt.

Netiquette

Die Netiquette regelt – wie der Begriff, eine Zusammenziehung aus engl. „net" („Netz") und „etiquette" („Etikette"), schon andeutet – das Verhalten in Computernetzwerken bzw. im Internet. Sie ist gewissermaßen der „Knigge" für das Kommunizieren, Interagieren, den Umgang miteinander in Communities, in Diskussionsforen, in Chatsystemen, über Instant Messengers und im E-Mail-Verkehr und zielt auf ein verantwortungsvolles Verhalten im virtuellen Raum insgesamt. Da keine allgemein anerkannte und verwendete Version besteht, muss man eigentlich im

Plural sprechen. Netiquetten verbieten Beleidigungen und Verfolgungen (Cybermobbing und -stalking), rassistische und sexistische Äußerungen oder die Aufforderung zu kriminellen Handlungen. Ein Phänomen, das seit 2013 hohe Aufmerksamkeit erzielt und ebenfalls berücksichtigt werden muss, ist die Hate Speech, die Hassrede. Community-Richtlinien und Internetkodizes bemühen einen breiteren Ansatz und beziehen sich auch auf Datenschutz, Sicherheit und Aufgaben von Betreibern.

Die Netiquette in ihren ersten Varianten entstand ursprünglich für das Usenet. Als Mutter der bekanntesten Form gilt Arlene H. Rinaldi, die an der Florida Atlantic University gearbeitet und die vorhandenen Texte und Ansätze zusammengeführt bzw. -geschrieben hat. Es finden sich darin neben verschiedenen Ausführungen zentrale Gebote wie „Du sollst nicht deinen Computer benutzen, um anderen Schaden zuzufügen", „Du sollst nicht anderer Leute Arbeit am Computer behindern" und „Du sollst nicht in anderer Leute Files stöbern". Es handelt sich um einen pragmatischen Katalog, der einerseits scheinbare Selbstverständlichkeiten benennt, andererseits durch den Hinweis auf rechtliche, soziale und moralische Aspekte eine Orientierung bietet.

In Unternehmensnetzwerken und Communities werden oft zusätzlich zu den eher allgemein gültigen Teilen spezifische, auf Unternehmenskultur und -strategie oder die jeweiligen Anforderungen bezogene Regeln eingeführt und bei Zuwiderhandlung Sanktionen ausgesprochen oder Benutzer blockiert bzw. ausgeschlossen. Rechtswissenschaft, Informatik, Soziologie und Philosophie können ihren Beitrag zur Weiterentwicklung leisten. Die deskriptive Informationsethik beschreibt die Netiquette in ihren verschiedenen Ausprägungen, die normative begründet sie und gestaltet sie mit. Für bestimmte virtuelle Räume haben sich begriffliche Abwandlungen etabliert, zum Beispiel die „Chatiquette" in Bezug auf den Chat. Auch eine Netiquette 2.0 gibt es, die auf das Web 2.0 und die Nutzung der sozialen Medien und mobilen Technologien eingeht.

Netiquette 2.0

Die Netiquette 2.0 ist ein Regelsatz, der in erster Linie für das Web 2.0 und für die mobile Welt entwickelt und von Oliver Bendel ab 2010 publiziert wurde. Das erste Gebot gemahnt an das Gleichgewicht der Namen und lautet: „Du sollst im virtuellen Raum deinen Namen nennen, wenn du einen anderen Namen nennst, und auf deiner Website, in deinem Blog und bei deinem Wiki ein Impressum führen." Das zehnte wird in anderer Weise grundsätzlich: „Du sollst Handy und Computer so oft wie möglich ausschalten und dem Gesang der echten Vögel lauschen." Die Aussagen sollen weniger zum Befolgen verpflichten, als vielmehr zum Nachdenken anregen. Auf moralische oder ethische Begründungen wird deshalb bewusst verzichtet.

Netzaktivist

Der Netzaktivist setzt sich für Anliegen rund um das und über das Netz ein. Das Netz ist sein Gestaltungsraum und erlaubt ihm – mittels Initiativen und Kampagnen oder in seiner Rolle als Hacker –, Einfluss auf wirtschaftliche, politische und gesellschaftliche Entwicklungen zu nehmen. Den Netzbürger begreift er als Mitstreiter und Zuarbeiter und verlangt ihm digitalen Gehorsam ab; mit ihm zusammen übt er sich aber auch in digitalem Ungehorsam.

Netzbürger

Der Netzbürger (auch Netizen oder Netcitizen) bevorzugt das Netz als Lebensraum und nimmt in diesem seine Freiheit und seine Verantwortung als Bürger wahr. Er übt sich, wenn er genügend aufgeklärt und streitbar ist, in digitalem Ungehorsam, und gefällt sich, wenn er genügend erfahren ist, als Netzaktivist. E-Demokratie, Informations- und Netzfreiheit gehören zu den vornehmsten Anliegen des Netzbürgers; aber auch vor totalitären Tendenzen ist er nicht gefeit.

Netzethik

Die Netzethik ist, Rafael Capurro folgend, ein Teilbereich der Informationsethik. Angesprochen werden die moralischen Probleme, die beim Einsatz und bei der Nutzung von Netzen entstehen, insbesondere des Internets und von mobilen Netzen. Die Internetethik ist ein Teilbereich der Netzethik.

Netzfreiheit

Unter Netzfreiheit wird die Freiheit des Netzes und des Netzbürgers verstanden. Ein wichtiger Aspekt ist die Informationsfreiheit. Auch Internet- und IT-Firmen schreiben sich die Netzfreiheit auf die Fahne, selbst wenn sie diese durch Monopolisierung und Überwachung gefährden. Falsch verstandene Netzfreiheit kann in Cyberkriminalität münden.

Netzjargon

Bei der synchronen und asynchronen Kommunikation über Computer im Internet und über Handy und Smartphone (Chat, E-Mail, SMS, Instant Messaging) haben sich sprachliche Formen entwickelt, die sich von der normalen Schrift- und Umgangssprache teilweise stark abheben. Sie werden nicht von allen Benutzern verwendet, sind aber auch kein bloßer Jargon einer Subkultur mehr. Man spricht dennoch vom Netzjargon oder, mehr fokussiert, von der Internetsprache.

Smileys, klassische Emoticons und moderne Emojis, Sound- und Aktionswörter, Kleinschreibweise und Großbuchstaben, Abkürzungen bzw. Akronyme, Dialekte und Nicknames sowie Umdeutungen von Begriffen wie „Troll", „Nerd" und „Geek" sind Beispiele für die sprachliche Vielfalt im Virtuellen. Da der Netzjargon in vielen Bereichen moralisch aufgeladen ist, Wertungen und Abwertungen umfassend, ist er auch ein Gegenstand der Informationsethik.

Netzneutralität

Die Netzneutralität ist die Neutralität bei der Datenübertragung im Netz. Ein Provider, der in ihrem Sinne agiert, behandelt alle Daten gleich, unabhängig von Inhalt, Format, Herkunft und Ziel, transportiert sie also gleich schnell und in gleicher Qualität. Weder Netzbetreiber und Provider noch Benutzer sollen, auch aus Gründen der Informationsgerechtigkeit, gegen die Datengleichberechtigung verstoßen.

Neue Medien

Neue Medien, die auch digitale Medien genannt werden, basieren auf Informations- und Kommunikationstechnologien und können die Aspekte Multimedialität, Hypertextualität, Vernetztheit, Interaktivität und Adaptivität aufweisen. Beispiele sind im Allgemeinen Computer und Software, im Besonderen Internet, elektronische Bücher, Chats und Diskussionsforen. Neue Medien können in unterschiedlichen Kontexten eingesetzt werden, beispielsweise in der Unterhaltung oder für Bildungszwecke, und sind somit zunächst verwendungsneutral.

Normative Ethik

Mit Modellen der normativen Ethik, wie sie auf Aristoteles, Immanuel Kant, Johann Gottlieb Fichte, Jeremy Bentham, John Stuart Mill, Sören Kierkegaard und John Rawls zurückgehen, werden moralische Möglichkeiten eingeordnet, begründet und bewertet. Annemarie Pieper führt den transzendentalen, existenzialistischen, eudämonistischen, vertragstheoretischen, traditionalen, materialistischen und lebensweltlichen Ansatz auf.

In der Maschinenethik wird danach gefragt, welches normative Modell sich für die Entwicklung einer moralischen Maschine eignet. In der Literatur gibt man meist der transzendentalen (vor allem der deontologischen), der eudämonistischen (vor allem der teleologischen) und der traditionalen (vor allem der auf die Tugend gerichteten) Ethik den Vorzug.

Eventuell ist es sinnvoll und möglich, sich neue Modelle auszudenken, die sowohl mit moralischen Maschinen als auch mit menschlichen Vorstellungen korrespondieren.

Objekt der Moral

Ein Objekt der Moral ist von einer Handlung betroffen, die moralische Implikationen aufweist, die z.B. gut oder böse ist in Bezug auf den Willen, der sie hervorgebracht hat. Alle Menschen sind Objekte der Moral, und alle haben Rechte (und als Subjekte der Moral auch Pflichten). Auch Tiere sind Objekte der Moral, wobei in der Tierethik umstritten ist, ob nur leidensfähige dazugehören. Dass man Tieren Rechte zugesteht, ist weithin üblich. Ob Pflanzen und Steine auch Objekte der Moral sind, wird in der Umweltethik diskutiert. Sicherlich haben sie keine Rechte, aber vielleicht einen (nicht nur finanziellen) Wert, einen Eigenwert, einen Wert an sich.

In der Regel wird mit Blick auf den Menschen (allenfalls noch mit Blick auf die Tiere) argumentiert. So könnte es moralisch fragwürdig sein, das Matterhorn zu sprengen, weil der Tourist oder der Einheimische es gerne betrachtet, oder weil es der Lebensraum für viele Lebewesen ist. Es könnte aber auch fragwürdig sein, weil ihm ein Wert zukommt, wenn ein solcher ohne religiöse und esoterische Tricks begründet werden kann. In der Informationsgesellschaft sind Objekte der Moral z.B. Benutzer von Geräten und Konsumenten im Internet. Ob Maschinen auch Objekte der Moral sein können, ob sie Rechte oder einen Wert haben sollen, untersucht die Roboterethik.

Offline

„Offline" bedeutet, dass ein Computer mit Netzanschluss temporär oder permanent keine Verbindung zum Internet oder Intranet hat. Ein Benutzer, der offline ist, hat keine Netzverbindung und arbeitet für eine bestimmte Zeit lokal oder gar nicht am Gerät. Offline zu sein, kann Unabhängigkeit von virtuellen Welten und finanzielle Ersparnisse implizieren. Oft können offline erstellte Inhalte zu einem späteren Zeitpunkt online genutzt werden; umgekehrt kann man online bestimmte Informationen auf dem Computer speichern und dann offline verwenden. Im Internetjargon bezeichnet man mit dem Begriff auch jegliches reales Tun; trifft man sich z.B. offline, begegnet man sich face-to-face in einem Café, auf der Straße oder anderswo. Offlinesex ist unmittelbarer Sex, kein Telefon- oder Cybersex. Inzwischen wird das Offlinesein auch als Verweigerungsform verstanden bzw. als Form der Enthaltsamkeit und – bei Onlinesucht – des Entzugs.

Online

Der Begriff „online" drückt aus, dass von einem Computer mit Netzanschluss aus aktuell eine Verbindung zu einem Server bzw. zum Internet oder Intranet besteht. Eine Person, die online ist, nutzt eine Netzverbindung, etwa um mit anderen per E-Mail, Chat oder Instant Messaging zu kommunizieren. „Online" wird oft in Wortkombinationen benutzt, wie im Falle von „Onlinezeitung" und „Onlinesucht". Der Gegensatz zu „online" ist „offline".

Onlinesucht

Computer, Smartphones und Internet bzw. damit verbundene Anwendungen können süchtig machen. Die betroffenen Benutzer verbringen unverhältnismäßig viel Zeit vor dem und mit dem Gerät und sind nervös und gereizt, wenn sie keinen Zugriff auf Dienste und Medien haben. Anders als bei lange bekannten Suchtformen mangelt es bei der Computer-, Handy- oder Internetsucht (auch „Onlinesucht", im Englischen „online compulsive disorder" genannt) an weithin anerkannten und eindeutig abgrenzbaren Indikatoren. Obwohl „Phubbing", das unentwegte Starren auf das Smartphone und gleichzeitige Abweisen des Gegenübers, ein ernstzunehmendes Phänomen bezeichnet, ist der Begriff selbst ursprünglich scherzhaft gemeint. Insofern bei der Onlinesucht die Autonomie von Benutzern gefährdet ist, ist sie auch ein Gegenstand der Informationsethik und der Ethik überhaupt.

Open Content

Unter den Begriff „Open Content" (dt.: „freier Inhalt") werden veröffentlichte digitale Inhalte wie Texte, Bilder, Audio oder Video subsumiert, die in unterschiedlichem Umfang von Dritten verwendet werden können. Anders als der Begriff suggeriert, ist Open Content allerdings nicht immer gänzlich frei verfüg- und manipulierbar. Die Freiheit der Nutzung ist vielmehr durch Bestimmungen und Lizenzen genau geregelt und mehr oder weniger stark eingeschränkt. So gibt es neben Lizenzen, die den freien Zugang und die freie Nutzung und Verwertung für alle oder für eine bestimmte Nutzergruppe festlegen, auch Lizenzen, die die freie Nutzung, nicht aber die Änderung von Inhalten erlauben. Zudem ist häufig eine kommerzielle Nutzung untersagt. Die Open-Content-Lizenzen – wie die GNU- oder Creative-Commons-Lizenzen – gehen auf Modelle zurück, die im Rahmen der Open-Source-Bewegung entwickelt worden sind.

Ein Gefäß für Open Content ist die ebenso beliebte wie umstrittene Onlineenzyklopädie Wikipedia, deren Inhalte im Internet prinzipiell frei zugänglich, nutz- und bearbeitbar sind. Einschränkungen bezüglich Erstellung und Bearbeitung treten bei einzelnen (zur Löschung vorgeschlagenen oder gesperrten) Artikeln auf. Beispiele für frei zugängliche Inhalte, die kopiert, aber nicht verändert werden dürfen, sind die Materialien des Massachusetts Institute of Technology (MIT), die über OpenCourseWare angeboten werden, oder das Literaturprojekt Gutenberg.

Open Data

Open Data ist der Versuch, öffentliche Daten offen – also frei verfügbar und nutzbar – zu machen. Zum einen wird die Informationsfreiheit gefordert, zum anderen die Abwesenheit von Copyright und Patenten. Open Data gliedert sich damit in Bewegungen wie Open Source, Open Government und Open Education ein. Es kann bei einer massenhaften Verbreitung und Nutzung von Daten zum Phänomen des Big Data führen. Im Ausnahmefall sind auch private Daten gemeint, die veröffentlicht werden, etwa im Rahmen von Quantified Self. Der Gegenbegriff ist „Closed Data".

_____P

Parkbucht des Karneades

Das Gedankenexperiment mit dem Brett des Karneades stammt wohl von eben diesem Philosophen aus Kyrene. Neben zwei Schiffbrüchigen treibt ein Brett, das nur einen von beiden tragen kann. Der eine tötet den anderen und überlebt. Die Frage ist, ob und wie der Mord zu rechtfertigen ist. Im Verkehr mit autonomen Autos könnte sich eine ähnliche Konstellation auftun. Ein Geisterfahrer lenkt einen Schwertransporter über die Fernstraße. Ein autonomes Auto kann seinen Fahrer nur retten, wenn es eine winzige Parkbucht erreicht. Diese wird aber zeitgleich von einem anderen beansprucht, damit es seinen Besitzer in Sicherheit bringen kann. Darf eines von ihnen den „Gegner" töten respektive töten lassen, damit der Besitzer überlebt? Die Übertragung gemahnt an den Klassiker in verschiedenen Aspekten.

Peer-to-Peer

Die Peer-to-Peer-Kommunikation und -Kooperation findet zwischen zwei Computern statt, ohne dass ein Server vermitteln muss. Ein solcher kann bei Bedarf zur Sicherung von Daten zur Verfügung stehen. Peer-to-Peer-Verbindungen sind für den eigenständigen, selbstbestimmten Austausch von Meinungen bzw. Dateien und damit für die informationelle Autonomie von Bedeutung.

Person

Die Person ist aus Sicht der Ethik das Subjekt der Moral, der moralische Akteur. Der Mensch kommt im Heranwachsen von der Freiheit von Entscheidung zur Freiheit der Entscheidung und wird zur Person, die Verantwortung tragen und zur Verantwortung gezogen werden kann, die nicht nur Rechte, sondern auch Pflichten hat. Nicht jeder Mensch ist also von Anfang an eine Person in diesem Sinne, und nicht jeder muss es bis zum Ende seines Lebens bleiben. Kleinstkinder können nicht haftbar gemacht werden, und sie sind nicht geschäftsfähig, sie haben Rechte, selbst wenn manche davon eingeschränkt sind, aber keine Pflichten; das Gleiche gilt für Demenzkranke in einem fortgeschrittenen Stadium.

Ganz anders wird der Personenbegriff von manchen Tierethikern, Tierrechtlern und Biologen gedeutet, die eine starke Ausweitung der Tierrechte (als Grundrechte) oder sogar die Anwendung der Menschenrechte auf Tiere anstreben. Für sie sind Menschenaffen, Elefanten oder Delfine durchaus Personen, etwa aufgrund ihrer Intelligenz, ihrer Kommunikationsfähigkeit und ihrer Zielorientiertheit.

Auch die Maschine kann – ein Gegenstandsbereich der Maschinenethik – Subjekt der Moral sein. Das Objekt der Moral muss keine Person, sondern mag ein Tier oder zukünftig unter Umständen auch ein Roboter sein. Der Benutzer ist nicht per se eine Person im engeren Sinne, und man kann in der Informationsethik fragen, ob seine Verantwortung mit seiner Medienkompetenz zusammenhängt.

Personalisierung

Personalisierung bezeichnet den Vorgang, eine Dienstleistung, ein Produkt, ein System oder eine virtuelle Umgebung an individuelle oder gruppenbezogene Anforderungen und Bedürfnisse anzupassen, oder das Ergebnis, zu dem der Vorgang führt. Sie ist verwandt mit der Individualisierung.

Bei Informations- und Kommunikationstechnologien und Informationssystemen mit der Fähigkeit der Adaptivität wird die Personalisierung von selbst vollzogen. Die Nutzung von Algorithmen kann zur sogenannten Filter Bubble führen, vor allem bei Websites und Apps. Ansonsten ist die Anpassung Sache der Benutzer oder anderer zuständiger Personen, wobei diese meist von den Technologien unterstützt werden.

Pflegeroboter

Pflegeroboter gehören zu den Servicerobotern. Sie unterstützen oder ersetzen menschliche Pflegekräfte. Sie bringen den Pflegebedürftigen benötigte Medikamente und Nahrungsmittel, lagern sie regelmäßig um oder helfen ihnen beim Hinlegen und beim Aufrichten. Sie unterhalten sie und bieten auditive und visuelle Schnittstellen zu menschlichen Pflegerinnen und Pflegern. Manche verfügen über sprachliche Möglichkeiten und sind in einem bestimmten Umfang lernfähig und intelligent.

Vorteile von Pflegerobotern sind durchgehende Einsetzbarkeit, beschränkt auch in Zwischenphasen, in denen keine Pflege notwendig ist, etwa in der Rolle eines Butlers, und gleichbleibende Qualität der Dienstleistung. Nachteile und Herausforderungen sind Kostenintensität und Komplexität der Anforderungen. Untersuchungen zur Akzeptanz ergeben, dass Patienten und Seniorinnen und Senioren auf manchen Gebieten durchaus von Robotern unterstützt werden wollen, etwa um ihre Intimsphäre zu schützen, sie aber auf anderen Gebieten strikt ablehnen.

Wie bei den Therapierobotern ergeben sich Fragen für Maschinenethik, Technikethik, Informationsethik, Medizinethik und Wirtschaftsethik: Wer trägt die Verantwortung bei einer fehlerhaften Betreuung und Versorgung durch den Pflegeroboter? Inwieweit kann dieser die informationelle und persönliche Autonomie des Patienten unterstützen oder gefährden? Ist die Maschine eine Entlastung oder eine Konkurrentin für Pflegekräfte und Krankenschwestern? Zudem muss man nach der sozialen Isolation fragen.

Pflichten

Man unterscheidet in der Ethik zwischen negativen und positiven Pflichten. Zum ersten Typus gehören Formulierungen wie „Du sollst/darfst nicht töten", zum zweiten Formulierungen wie „Du sollst/musst Leben schützen". Pflichten im moralischen Sinne hat man gegenüber denjenigen, die Rechte haben, womöglich auch gegenüber Wäldern und

Bergen, die einen Eigenwert, zumindest aber eine schützenswerte Existenz haben. Man kann sie nur haben, wenn man prinzipiell einsichts- und empathiefähig ist, also über eine spezielle Art des Denkens verfügt und im Besitz seiner geistigen Kräfte ist. Damit kommen Pflichten nur bestimmten Menschen zu, nämlich Personen, und keinesfalls Kleinkindern oder Bewusstlosen; auch Tiere können keine Pflichten haben (allenfalls gewisse Verpflichtungen in ihrem sozialen Gefüge), genauso wenig Pflanzen, die unbelebte Natur etc.

Ob moralische Maschinen Pflichten haben, ist innerhalb der Maschinenethik und der Ethik überhaupt umstritten. Man kann vorsichtiger von Verpflichtungen sprechen oder noch besser einfach davon, dass sie bestimmte Regeln befolgen sollten. Von daher sind sie ganz spezielle Subjekte der Moral. Die Pflicht- oder Pflichtenethik stellt die Pflicht in den Mittelpunkt ihrer normativen Bemühungen. Dabei versucht sie u.a. zu klären, wann und für wen sie gilt und wie sie entsteht bzw. bestimmt werden kann. Ob der digitale Ungehorsam zu den Pflichten des aufgeklärten Netzbürgers gehört, wird in der Informationsethik diskutiert.

Philosophie

Die Philosophie (griech. „philosophía": „Weisheitsliebe") ist die Lehre vom Erkennen und Wissen und die Prinzipien- und Methodenlehre der Einzelwissenschaften, als deren Ursprung und Rahmen sie angesehen werden kann. Ihre Erkenntnisse gewinnt sie u.a. mit Hilfe der logischen, analytischen, dialektischen, diskursiven und hermeneutischen Methode, in neuerer Zeit auch in Zusammenarbeit mit empirischen Wissenschaften, mit Verhaltens- und Hirnforschung. Zu ihren heutigen Disziplinen gehören Logik, Ethik, Ästhetik und Wissenschaftstheorie. An diesen kann man ihr enormes Spektrum erkennen und ihren Brückenschlag bzw. Treppenbau zwischen formal unterschiedlichen Ansprüchen, verschiedenen (Meta-)Ebenen und einer mathematisch-naturwissenschaftlichen und geisteswissenschaftlichen Ausrichtung. Die Theologie zeigt sich meist entweder als Fremdkörper oder Feindin der Philosophie, die ihr

Selbstverständnis im Kontrast zu mythologischen und religiösen Deutungen entwickelt hat. Scharf getrennt werden sie durch ihre Grundannahmen und ihre Haltung zur Rationalität.

Die Vorsokratiker der griechischen Antike verantworteten (vor-)wissenschaftliche Prognoseinstrumente und Modellbildungen, wobei das Atommodell von Demokrit hervorgehoben werden kann. Auf Sokrates, den mündlichen Philosophen, folgten Platon und Aristoteles, die sich mit schriftlichen Äußerungen gegenüber ihren Zeitgenossen und Schülern und für die Nachwelt festlegten. Aristoteles ist als früher Hauptvertreter des systematischen, wissenschaftlichen Denkens anzusehen und hat die Ethik ebenso geprägt wie die Logik. In ganz anderer Tradition erblühte die östliche Philosophie unter der Obhut des legendären Laotse und des chinesischen Konfuzius. Höhepunkte in der westlichen Philosophie als Erkenntnistheorie waren die Leistungen von René Descartes, David Hume und Immanuel Kant. In der Ethik sind neben Aristoteles u.a. Jeremy Bentham (Begründer des Utilitarismus) und Arthur Schopenhauer herauszustellen, nicht zuletzt wegen ihrer Betonung der Leidensfähigkeit und des Mitleids, über die Tiere als moralische Objekte sichtbar werden. Ludwig Wittgenstein gab Logik und Sprachphilosophie neue Impulse, Jürgen Habermas der Kritischen Theorie, welche die gesellschaftlichen und geschichtlichen Bedingungen der Theorieentwicklung untersucht. Auch die Diskursethik, die wichtig für die Informationsethik ist, ist eng mit seinem Namen verbunden. Friedrich Nietzsche und Martin Heidegger sind (nicht nur) als bemerkenswerte Stilisten in die Philosophiegeschichte eingegangen: Der Philologe aus Röcken hat fundamentale Moralkritik geübt („Umwertung aller Werte"), der Philosoph aus Meßkirch den Grundstein der Fundamentalontologie gelegt („Sein und Zeit").

Die Wirtschaftsphilosophie, mit Fritz Berolzheimer als geistigem Vater, behandelt die Grundlagen der Wirtschaft und – zusammen mit der Wissenschaftstheorie – die Methoden der Wirtschaftswissenschaften. Die Wirtschaftsethik hat die Moral in der Wirtschaft zum Gegenstand. Dabei ist der Mensch im Blick, der wirtschaftliche Interessen hat, der produziert, handelt, führt, ausführt (verschiedene Formen der Individualethik) und konsumiert (Konsumentenethik), und das Unternehmen, das Verantwortung gegenüber Mitarbeitern, Kunden und Umwelt trägt (Unternehmensethik). Zudem interessieren die moralischen Implikationen von Wirtschaftsprozessen und -systemen sowie von Globalisierung und Monopolisierung (Ordnungsethik). Unterschieden werden eine moralphilosophische, moralökonomische und integrative Position. In der Informationsgesellschaft ist die Wirtschaftsethik eng mit der Informationsethik verzahnt. Mehr und mehr rückt auch die Umweltethik, mitsamt der Tierethik, in den Wahrnehmungsbereich.

Die Philosophie hat einerseits ihre ehemalige Bedeutung verloren, andererseits über Sachbücher und Massenmedien neue Popularität erlangt. Ihr Potenzial wird von manchen Personen und Gruppen nicht in genügender Weise erkannt, was mit einer Begriffsverwirrung („Philosophie" als Ausdruck der Umgangssprache mit ganz anderer Konnotation), mit der Lobbyismustätigkeit wissenschaftsfremder, esoterischer und religiöser Kreise und mit Kompetenzstreitigkeiten zu tun haben mag. Ethik z.B. wird häufig als Angelegenheit der Kirchen und der Religion missverstanden. Gläubige und Theologen zementieren die Verhältnisse, indem sie die von ihnen vertretene theonome bzw. theologische Ethik nicht als solche kennzeichnen, sich in Bereichsethiken einmischen und z.B. Ethikkommissionen sowie Ethikzentren an Hochschulen besetzen. Gerade in der Wirtschaftsethik engagieren sich religiöse Vertreter stark, wobei sie sich gerne auf untergegangene Gesellschafts- und Wirtschaftsformen und pauschale Wertvorstellungen beziehen. Vor diesem Hintergrund muss sich die Philosophie, will sie sich erneut und dauerhaft etablieren, auf ihre Wesensmerkmale besinnen, ihre Streitlust wiederentdecken, ihren Platz an Schulen und Hochschulen zurückerobern und sich in den gesellschaftlichen, politischen und wirtschaftlichen Diskurs einbringen, ihren methodischen Zweifel, ganz im Sinne von Descartes, auf sich und die Welt anwendend.

Phubbing

„Phubbing" (engl. „phone": „Telefon" und engl. „snubbing": „Brüskierung"), ein im Rahmen von viralem Marketing erfundener (Scherz-) Begriff, zielt auf das Phänomen, dass Benutzer ständig auf ihr Handy oder Smartphone starren, beim Essen, beim Gehen und beim Fahren, selbst wenn sie am Steuer sitzen. Der Hans Guck-in-die-Luft wird zum Hans Starr-ins-Handy oder Hans Starr-auf-das-Display. Die individuellen und sozialen Risiken können auch von der Informationsethik behandelt werden.

Piraten

Piraten sind Mitglieder der Piratenpartei, die auf regionaler, nationaler und u.a. europäischer Ebene aktiv ist und sich einsetzt für eine Stärkung der Bürgerrechte, Möglichkeiten der Mitbestimmung, die Reform des Urheberrechts und die Informationsfreiheit, mit dem Grundgedanken, dass die Informationsgesellschaft innovative Ansätze und Lösungen braucht. Die säkularen und libertinären Kräfte sind in ihr besonders stark. Manche Piraten können als Nerds angesehen werden bzw. verstehen sich selbst als solche.

Portal

Portale bieten als elektronische Plattformen einen zentralen Zugang zu Inhalten, Anwendungen, Funktionen und Services. Die verbreitetste Form ist das Internet- bzw. Intranetportal; es kommen aber auch Portale mit anderen technologischen Grundlagen und Benutzerschnittstellen vor, etwa Audioportale, die man über das traditionelle Telefon erreicht.

Man unterscheidet nach der Businessaktivität „Business-to-Customer"-Portale (B2C) bzw. „Business-to-Consumer"-Portale, „Business-to-Business"-Portale (B2B) sowie „Business-to-Employee"-Portale (B2E). Erstere zielen als von (einzelnen oder mehreren) Unternehmen zur Verfügung gestellte Systeme auf die Bedürfnisse von Endkunden, zweitere dienen Kommunikation und Kooperation von Geschäftskunden und Unternehmen, letztere unterstützen als Mitarbeiterportale u.a. Arbeitsvorgänge und Weiterbildungen.

Weiter differenziert man zwischen horizontalen und vertikalen Portalen. Horizontale Portale geben Benutzern einen breiten inhaltlichen Einstieg, indem sie Informationen und Ressourcen in ganz verschiedenen Kategorien anbieten oder vermitteln. Vertikale Portale konzentrieren sich auf ein einzelnes Thema (respektive einen Themenkomplex) oder beziehen sich auf spezifische Kundenbedürfnisse bzw. als sogenannte Prozessportale auf einen zu befriedigenden Kundenprozess, wie Hochzeitsportale, die vom Rendezvous bis zur Scheidung jeden notwendigen oder gewünschten Schritt begleiten.

Schließlich kann man zusätzlich zu den „normalen" Portalen noch Metaportale identifizieren. Diese geben eine Übersicht über vorhandene Portale in einem bestimmten Bereich, bewerten teilweise deren Angebote und Funktionen und führen zuweilen auch Inhalte zusammen, mit Hilfe von Redakteuren oder Maschinen (Robo-Content). Auch Metasuchmaschinen können als Metaportale aufgefasst werden.

Mit Blick auf die Informationsethik sind Portale, Metaportale und Plattformen wie informationsethik.net, maschinenethik.net und icie.zkm.de entstanden. Die Disziplin interessiert sich in diesem Kontext für den Spagat zwischen dem Schaffen des Zugangs und dem Vorenthalten von Informationen. Auch die Verdrängung oder die Bevorzugung von Angeboten durch Portale ist ihr Thema.

Privatsphäre

Die Privatsphäre ist der nichtöffentliche Raum der Intimität und der freien Entfaltung der Persönlichkeit, die Privatheit ihr allgemeiner Ausdruck. Zum Persönlichkeitsrecht gehört, dass niemand ohne Erlaubnis den Wohnbereich einer Person überwachen oder betreten darf. Auch die persönlichen Daten (Datenschutz) und die Abbildungen einer Person

(Recht am eigenen Bild), teils auch ihrer Besitztümer, sind schützenswert bzw. geschützt. Insofern ist die Privatheit mit der informationellen Autonomie verbunden. Im Internet geht sie, so eine allgemeine Klage, immer mehr verloren, insofern man sich zur Schau stellt und zur Schau gestellt wird und persönliche Daten aggregiert und veröffentlicht werden. Dies ist auch ein Forschungsgegenstand der Informationsethik.

Profil

Ein Profil ist der Platzhalter und die Beschreibung eines Benutzers, etwa in Communities und Social Networks. Neben dem Namen bzw. Pseudonym gehören häufig Foto, Kontaktdaten und persönliche Interessen dazu. Man orientiert sich bei der Profilpflege am Original bzw. weicht bewusst oder unbewusst davon ab. Bei Social Networks und anderen Plattformen, die sich an ein Massenpublikum richten, haben sich besondere Phänomene herausgebildet. So ist das Foto häufig ein Selfie, ein Selbstporträt, für das man die Kamera bzw. das Smartphone in der eigenen Hand hält oder an einer Stange (Selfie-Stick) befestigt. Bei Mädchen ist die Entenschnute beliebt, eine auch als Duckface bekannte Grimasse. Im Rahmen der Informationsethik kann interessieren, wieweit das Profil der Wahrheit entspricht und die Privatsphäre beeinflusst.

Prosumer

Prosumer sind Konsumenten, die zugleich Produzenten sind, oder auch Produzenten, die sich zugleich als Konsumenten manifestieren. Der Begriff ist eine Zusammensetzung aus engl. „producer" und „consumer". Im Deutschen hat sich der Begriff „Prosument" (aus „Produzent" und „Konsument") herausgebildet.

Es gibt sozusagen schwache und starke Vertreter. Ein schwacher Prosument ist nur indirekt in die Produktion involviert, indem er bewusst oder unbewusst seine Interessen und Vorlieben offenlegt, die entsprechend berücksichtigt werden. Ein starker Prosument ist direkt an der Produktion beteiligt, indem er an bestimmten oder allen Schritten mitwirkt, entweder als Teil eines Kollektivs oder als Individuum in Eigenregie bzw. im Auftrag.

Beispiele für Prosumer sind Besucher eines Wikis, die gelegentlich mitarbeiten, Blogger, die Beiträge anderer Blogger lesen und kommentieren, und Kunden von Videoplattformen, die eigene Produktionen hochladen. Im Web 2.0, im Mitmachweb, dominiert der User-generated Content, der von Benutzern bereitgestellte digitale Inhalt. Auch Personen, die auf Ideen- und Innovationsplattformen, auf Prämien hoffend, Vorschläge für Produkte und Dienstleistungen einreichen, fallen unter den Begriff.

Im Kontext partizipativer, sozialer Medien wird der Prosument zum Normalfall. Phänomene wie Crowdfunding und -sourcing fördern die Verschmelzung weiter. Dabei entstehen neben offensichtlichen Chancen verschiedene Probleme und Risiken. Der Mitarbeiter wird während seiner Arbeitszeit oder in seiner Freizeit zum Handlanger der Konkurrenz. Der Kunde verhilft durch seinen Vorschlag einem Produkt zum Durchbruch, ohne dafür angemessen entschädigt zu werden. Der Profi wird vom Laien an den Rand gedrängt und verliert seine Aufträge.

Pseudonym

In virtuellen Räumen – in Kommentarbereichen von Onlinemedien, in Chats und Diskussionsforen sowie in Internetspielwelten – geben sich Benutzer oft Pseudonyme, u.a. in Form von Nicknames oder Abkürzungen, sei es aus Gründen der Anonymität, sei es, um in eine bestimmte Rolle oder einen bestimmten Charakter zu schlüpfen und damit in spielerischer Weise die Identität zu wechseln. Die Informationsethik untersucht den Wandel der Selbst- und Fremdwahrnehmung und, damit zusammenhängend, der Moralität.

QR-Code

Der QR-Code – die Abkürzung steht für „quick response" (engl. für „schnelle Antwort" oder „schnelle Reaktion") – wurde im Jahre 1994 von der japanischen Firma Denso Wave, einer Tochter von Toyota, entwickelt. Man hatte nach einer einfachen und günstigen Möglichkeit gesucht, die Autoteile in den Produktionsstätten zu markieren und automatisch ihre Position und ihre Art zu ermitteln. Der QR-Code war also ursprünglich zur Verbesserung der Logistik eines Autoherstellers gedacht. Er ist neben DataMatrix- und Aztec-Codes ein Hauptvertreter der 2D-Codes und besteht aus mindestens 21 mal 21 und höchstens 177 mal 177 quadratischen Elementen.

In QR-Codes können u.a. Internetadressen, Telefonnummern, SMS und freier Text enthalten sein. Es besteht die Möglichkeit, ein Logo oder ein anderes Bild einzubauen, wobei eine gute Kenntnis des Aufbaus der in sich strukturierten Kacheln erforderlich ist und sich die Fehleranfälligkeit erhöhen kann. So wie jede Person den QR-Code mithilfe von Handys, Smartphones oder Tablets (und deren Kamera und Reader) einscannen und auslesen kann, kann sie auch ihren eigenen produzieren, mittels eines Generators, der als Webanwendung und lokal installierbare Anwendung für den Computer, das Handy und das Smartphone verfügbar ist. Man kann den Code, sobald er erstellt bzw. das Aussehen bekannt ist, ausdrucken und kopieren; auch wenn man ihn mit Farbe auf eine Leinwand überträgt oder in ein Getreidefeld fräst, ist er maschinenlesbar.

Ein wichtiges Anwendungsgebiet von QR-Codes ist das Mobile Tagging. Tagging bedeutet im vorliegenden Zusammenhang in der Regel, dass Objekte der physischen Welt mit zusätzlichen Informationen angereichert werden. Beispielsweise wird ein Plakat mit einem Code versehen, mit einem Link zu einer Website samt weiterführendem Material, oder an einem Gebäude wird ein Code angebracht, der Informationen zu Baujahr, Höhe oder Architekt speichert. In Artikeln und Büchern verweisen QR-Codes auf ergänzende Texte, Bilder, Videos und Websites und machen sie zu hybriden Publikationsformen. Auch virtuelle Objekte können getaggt werden, eine Litfaßsäule in Second Life oder ein Prospekt auf einem Bildschirm in einem Schaufenster. Eine verbreitete Einteilung ist diejenige in Commercial Tagging, Public Tagging und Private Tagging, also in Bezug auf kommerzielle, nichtkommerzielle bzw. öffentliche und private Anwendungen. Des Weiteren kann man nach Einsatzgebieten im engeren Sinne (Tracking, Ticketing, Frankierung) differenzieren.

QR-Codes weisen verschiedene Sicherheitsrisiken auf. Das grundsätzliche Problem ist, dass man ihnen nicht ansieht, was sie enthalten. Ein Mensch vermag kaum zwischen einem originären und einem manipulierten oder gefälschten Code zu unterscheiden. Reader und Generatoren können dazu missbraucht werden, Daten von Anwendern einzusammeln. Weiterhin ist es möglich, auf Gegenstände aufgebrachte QR-Codes zu überkleben und auszutauschen. Auf diese Weise kann ein Benutzer auf Websites mit fragwürdigen Informationen oder mit Malware gelockt und dem Anbieter auf unterschiedliche Weise geschadet werden.

Es gibt mehrere Weiterentwicklungen von Denso Wave. Ein Beispiel ist der Micro-QR-Code, der kleiner als das Original ist und weniger speichern kann. Zudem sind der Secure-QR-Code, der die Verschlüsselung von Daten erlaubt, und der iQR-Code in rechteckiger Form zu nennen. Mit den 3D- und 4D-Codes (die auf QR-Codes aufsetzen können) werden weitere (Offline-)Anwendungen möglich. So kann man dank der höheren Speicherkapazität Lieder, Bilder und Videos direkt im Code unterbringen. Voraussetzung sind geeignete Generatoren und Reader.

Qualität

Qualität ist die Güte von Produkten, Prozessen, Dienstleistungen oder auch von Kompetenzen und Handlungen von Personen. Sie setzt sich immer aus mehreren Eigenschaften zusammen, und die Qualitätsbestimmung ist stets abhängig von der Zielgruppe, den Zielen, der Umwelt und dem Ressourceneinsatz.

Grundsätzlich ist zwischen einer objektiven Qualität, die sich auf vorab definierte und messbare Eigenschaften im Erstellungsprozess oder beim fertigen Produkt bezieht, und der subjektiven Qualität, die in der Zufriedenheit eines Kunden oder Benutzers mit einem Produkt oder einer Dienstleistung zum Ausdruck kommt, zu unterscheiden. Qualität kann entweder produktbezogen hinsichtlich der Eigenschaften eines Produkts oder einer Dienstleistung verstanden werden, oder kundenbezogen, also hinsichtlich der Erfüllung von Kundenbedürfnissen. Um die definierten Qualitätsziele zu erreichen, bedarf es einer Qualitätssicherung.

Qualitätssicherung

Qualitätssicherung stellt Methoden bereit, um die Qualität in allen Prozessen und für alle Produkte, Dienstleistungen und Beteiligten zu gewährleisten und zu verbessern. Qualitätssicherung kann in die drei Bereiche Qualitätsplanung, -steuerung und -kontrolle untergliedert werden. Bei der Qualitätsplanung werden die Qualitätskriterien sowie die Komponenten, auf die diese angewendet werden, bestimmt. Die Qualitätssteuerung regelt Durchführung und Überwachung der Qualitätssicherungsverfahren. Im Rahmen der Qualitätskontrolle findet eine Überwachung der Einhaltung der Kriterien sowie der sachgerechten Durchführung der Qualitätssicherungsmaßnahmen statt. In bestimmten Bereichen nennt man Qualitätssicherung auch Audit, etwa in der Ethik und in der Ökologie. Zusammenhänge gibt es mit der Evaluation.

Quantified Self

„Quantified Self" steht für Self-Tracking-Lösungen, vor allem im sportlichen und medizinischen Bereich, und eine damit verbundene Bewegung. Es werden Daten des Körpers zusammen mit anderen Daten (Zeit, Raum, Konkurrenz etc.) erfasst, ausgewertet und dokumentiert sowie teilweise – über Streamingdienste und über Erfahrungsberichte – mit anderen geteilt. Beanstandet wird Quantified Self u.a. aus Datenschutzsicht, begrüßt im Zusammenhang mit der Kontrolle von Alten und Kranken.

_____R

Racheporno

Ein Racheporno ist eine explizite sexuelle Darstellung, die oft vom Opfer selbst oder aus seinem persönlichen Umfeld stammt und vom Täter aus Gründen der Rache weitergegeben bzw. im Netz verbreitet wird. Damit sind enge Beziehungen zum Cyberporn und zum Sexting vorhanden.

Recht am eigenen Bild

Das Recht am eigenen Bild ist das Recht einer Person, über die Veröffentlichung und Verbreitung einer Fotografie, die sie klar und deutlich zeigt, selbst bestimmen zu können. Es gilt, unterschiedlich geregelt, in mehreren europäischen Ländern. Das Erstellen des Abbilds kann das allgemeine Persönlichkeitsrecht tangieren und muss im Einzelfall beurteilt werden.

Recht auf Vergessenwerden

Das Recht auf Vergessenwerden, auch (eher missverständlich) Recht auf Vergessen genannt, steht in einem engen Zusammenhang mit der informationellen Autonomie. Persönliche Daten und Daten mit persönlichen Bezügen, vor allem im Internet und im mobilen Bereich, sollen auf Wunsch der Benutzer gelöscht oder unzugänglich gemacht werden, damit diese nicht unzumutbar lange mit Aussagen und Vorfällen in Verbindung gebracht werden können. Auch die automatische Entfernung, nach einer gewissen Zeit oder nach Eintreten eines bestimmten Ereignisses, wird als Option gesehen. Der digitale Radiergummi (wenn man diese Metapher akzeptiert) kann also vom Betroffenen (oder einem Dienst) benutzt werden, oder er kann sich selbst in Bewegung setzen und in der jüngeren oder älteren Vergangenheit tätig werden. Die Informationsethik untersucht, welche Personen das Recht auf Vergessenwerden in welcher Weise und welchen Parteien gegenüber in Anspruch nehmen und welche moralischen Begründungen dafür gelten können.

Rechte

Rechte im moralischen Sinne werden in der Regel denjenigen zugesprochen, die die Fähigkeit haben zu denken oder zu fühlen. Diese muss sozusagen prinzipiell vorhanden sein, sodass auch Wesen mit eingeschlossen sind, die man vorübergehend der Fähigkeit – etwa durch Narkotisierung oder Gewaltanwendung – beraubt hat. Wer Rechte hat, hat noch keine Pflichten; diese hat nur eine Person im engeren Sinne. Denken kann die Form von Interessen (Pläne, Wünsche etc.) annehmen, Fühlen die Form von Leiden oder Glück. Die Wahrnehmung von Rechten kann in der Bewahrung von Interessen bestehen oder in der Maximierung von Glück bzw. in der Minimierung von Leiden. Der Utilitarismus in seinen verschiedenen Ausprägungen ist die dazugehörige Strömung. Existenzielle Rechte werden auch Grundrechte genannt.

Kinder sind nach der vorgetragenen Argumentation ebenso Träger von Rechten wie Tiere. Mindestens allen geborenen Menschen kommen Menschenrechte zu, mindestens allen höheren Tieren Tierrechte. Die Tierethik begründet Tierrechte oder Grundrechte von Lebewesen und sucht nach Argumenten über die Empfindungs- und Leidensfähigkeit hinaus, wie der Interessensbekundung oder dem Lebenswillen. Roboter und Computer sind keine Objekte der Moral in diesem Sinne; es ist aber nicht ausgeschlossen, dass sie es eines Tages sein werden; dass sie Subjekte der Moral sein können, ist das Thema der Maschinenethik. Ob der Zugang zum Internet zu den Grundrechten gehört, ist umstritten und wird von der Informationsethik abgehandelt.

Reputation

Die Reputation ist der Ruf, den man hat. Sie scheint auf in der Achtung oder Anerkennung. Dass ein Benutzer einem anderen Benutzer hilft, in einem Forum oder in einem sozialen Netzwerk, kann nicht nur auf den (Hang zum) Altruismus, sondern auch auf die (Sehnsucht nach) Anerkennung zurückzuführen sein. Er oder sie will sich – in der allgemeinen

Ausdeutung Otfried Höffe folgend – einen guten Ruf verschaffen, zu Ehre oder gar zu Ruhm kommen. Die Informationsethik untersucht z.B. die moralischen Aspekte von Reputationssystemen und -diensten.

Return on Morality

Die Abkürzung ROE bedeutet Return on Equity, Return on Education und, wenn man so will, Return on Ethics. Präziser könnte man im letzten Fall, wo man den erzielten Gewinn ins Verhältnis zur aufgewendeten Moral setzt, um die Rendite einer unternehmerischen Tätigkeit zu messen, von Return on Morality sprechen (ROM). Sicherlich lässt sich durch Moral (bzw. Moralität) in vielen Fällen die Rendite steigern, wie die Fair-trade-Bewegung und die Diskussion um die „saubere" Produktion von Smartphones zeigen. Gerade deshalb muss man aber aufpassen, dass sie nicht allein vom Gewinn abhängig gemacht und damit vorrangig als Feigenblattmoral geführt wird.

Revenge Editing

Revenge Editing ist das Bearbeiten aus Rache, etwa innerhalb von Wikipedia. Wer bei den Mitarbeitenden des Lexikons in Ungnade gefallen ist und dort selbst einen Eintrag zur Person hat, wird zuweilen mit Kürzung oder Löschung bestraft. Revenge Editing kann in einen Editing War, einen Redigierkrieg, münden.

RFID

Die Abkürzung RFID steht für engl. „radio-frequency identification". Sinn und Zweck von RFID-Systemen ist die automatische Identifizierung und Lokalisierung von Dingen, Tieren und Menschen. Mehr und mehr bringt man Funkchips unsichtbar in Schuhen und Kleidungsstücken und an sonstigen Alltagsgegenständen an. Diese werden zu einem Teil des Internets der Dinge oder zu Objekten für Tracking- und Überwachungssysteme. Insofern ist RFID auch ein Thema der Informationsethik. Der Kern des TFRGL-Konzepts ist, dass bestimmte Technologien entfernt oder vermieden werden, etwa Funkchips in Kleidung und Tieren, um die Selbstbestimmung zu stärken und die Belastung für Mensch und Umwelt zu reduzieren.

Ring des Gyges

Gyges war ein König in Kleinasien im 7. Jahrhundert vor unserer Zeitrechnung. Bei Platon ist er ein Hirte, der mit Hilfe eines Rings, mit dem er sich unsichtbar machen kann, zum König wird. In moralischer Hinsicht fragt sich, was man mit solchen magischen Kräften anfangen würde, ob man den Versuchungen widerstehen könnte oder seine Macht missbrauchen würde.

Die Anonymität im virtuellen Raum gemahnt an den legendären Schmuck. Ein virtueller Ring des Gyges könnte angesichts zunehmender Überwachung nicht nur in der Virtualität des Netzes, sondern auch in der Realität der Städte nützlich sein. Tatsächlich sind Möglichkeiten bekannt, ein Bild von seinem Gesicht bzw. die damit zusammenhängende Gesichtserkennung zu verhindern, beispielsweise mit einer speziellen Brille wie dem PrivacyVisor, und es wird Lösungen brauchen, um die Datenbrille zu blockieren, die Passanten mit Social-Media-Informationen versieht.

Roboselfie

Roboselfies (auch Robot Selfies genannt) sind Selfies, die von Robotern angefertigt werden. Weltraumroboter sind in diesem Bereich Pioniere. Seit den 1970er-Jahren nehmen sie sich selbst auf, erst eher unabsichtlich, dann mehr und mehr absichtlich wie der Mars-Rover Curiosity. Die Ingenieure müssen wissen, ob die Außenhaut und die Werkzeuge intakt sind. Sie vertrauen nicht nur Kontrollfunktionen und Messdaten, sondern lassen sich auch Selbstporträts schicken. Andere Roboter können mit Hilfe von Selfies im Prinzip ihre Mimik und Gestik verbessern, was für die soziale Robotik und am Rande auch für die Maschinenethik von Belang ist.

Roboterauto

Selbstständig fahrende oder autonome Autos bewegen sich als Prototypen durch die Städte und Landschaften, in den USA genauso wie in Europa und Asien. Umgangssprachlich werden sie als Roboterautos bezeichnet. Sie nehmen dem Fahrer (bzw. dem Insassen) wesentliche oder sogar sämtliche Aktionen ab. Ein Verkehr, der von Wagen dieser Form geprägt wird, ist eine Vision, allerdings eine, deren Umsetzung von Herstellern und anderen Unternehmen verfolgt, von verschiedenen Disziplinen erforscht und in Gesellschaft und Medien diskutiert wird sowie technisch gesehen ohne weiteres möglich ist. Besonders schnell könnten sich (teil-)autonome LKW durchsetzen, die weite Distanzen auf einer Fahrspur der Autobahn bewältigen. Bei PKW sind die Anforderungen höher und die Situationen komplexer.

Ziele des Einsatzes von selbstständig fahrenden Autos sind Erhöhung der Fahrsicherheit, Steigerung des Fahrkomforts und Verbesserung der Effizienz (z.B. durch Senkung des Verbrauchs). Einige Systeme sind so konzipiert, dass der Insasse sie temporär deaktivieren kann, sodass eine manuelle Steuerung bzw. eine individuelle Anweisung möglich wird. Dies hat nicht zuletzt haftungs- und sicherheitstechnische Gründe. Manche Produzenten verzichten aber auch bewusst auf Lenkrad und Gaspedal, mit dem Argument, dass menschliche Aktionen nicht notwendig oder nicht erwünscht sind. Die Freiheit, die für andere Tätigkeiten entsteht, wird von Wissenschaft und Wirtschaft untersucht. Man überlegt beispielsweise, die Sitze wie in Straßenbahnen oder Zügen anzuordnen und Bildschirme zur Unterhaltung und für die Arbeit einzubauen.

Die Informationstechnologie im Automobil, die sogenannte Car IT, nimmt in diesem Fall breiten Raum ein. Das selbstständig fahrende Auto ist ein rollender Computer und, wie der alternative Name sagt, ein Roboter, und zwar einer, der mobil ist, seine Umwelt beobachtet und seine Schlüsse daraus zieht. Wichtig ist die „car-to-car communication" (engl.), die Kommunikation zwischen autonomen sowie zwischen autonomen und konventionellen, aber mit IT angereicherten Fahrzeugen. Diese verständigen sich hinsichtlich ihrer Abstände, sowohl innerhalb der Spur als auch von Spur zu Spur, der Dichte des Verkehrs sowie der Gefahren in der näheren und weiteren Umgebung. Möglich könnte eine selbstständige Einigung sein, z.B. wenn ein geparktes Auto beschädigt wurde. Ein übergeordneter Rahmen ist die „machine-to-machine communication" (engl.). Selbstständig fahrende Autos sind eingebunden in ein Netzwerk, das Internetanwendungen, u.a. das Internet der Dinge, und Informationssysteme aller Art umfasst.

Autonome Autos können nach Ansicht verschiedener Experten die Unfallzahlen senken und Staus vermeiden helfen, insbesondere bei einer weiten Verbreitung und starken Vernetzung. Der eine oder andere spricht sich allerdings dafür aus, dass sie nur in festgelegten Bereichen – auf der Notfallspur der Autobahn oder auf speziellen Trassen – und zu festgelegten Zeiten fahren dürfen. Ein vollkommen automatisierter und autonomisierter Verkehr würde weitgehende Entscheidungen der Fahrzeuge, nicht zuletzt in moralisch relevanten Situationen, erforderlich machen. Diesbezüglich ist die Maschinenethik gefragt, die sich mit der Moral von Maschinen befasst. Der robotergeprägte Verkehr wird anhand klassischer Beispiele wie des Trolley- und des Fetter-Mann-Problems oder auch des Bretts des Karneades diskutiert. Gefragt ist zudem die Informationsethik, in Bezug auf die informationelle Autonomie der Insassen, die Fahrzeug- und die Datensicherheit. Informations- und Technikethik können sich mit der persönlichen Autonomie befassen, z.B. mit dem Verlust menschlicher angesichts zunehmender maschineller Autonomie, und ebenso mit dem Wegfall der Freude am Fahren. Auch das Hacken und Manipulieren von Fahrzeugen, das wiederholt gelungen ist, können sie thematisieren.

Roboterauto-Problem

Das Trolley-Problem ist ein Gedankenexperiment der britischen Philosophin Philippa Foot. Eine außer Kontrolle geratene Straßenbahn rast auf fünf Personen zu. Sie kann auf ein anderes Gleis umgeleitet werden, auf dem sich ein weiterer Mensch aufhält. Darf man dessen Tod in Kauf nehmen, um das Leben der Gruppe zu retten? Im Verkehr der Zukunft stellt sich die Frage neu. Bei einem autonomen Auto versagen die Bremsen. Die Alternativen mögen ähnlich wie beim Trolley-Problem sein. Das Auto steuert auf fünf Personen zu. Es könnte zu einer Seite ausweichen. Dort steht ein einzelner Mann, der nicht mehr wegspringen kann. Bei einer Geradeausfahrt würden sich mehrere Tote nicht vermeiden lassen. Wie soll die Entscheidung ausfallen? Das Roboterauto-Problem entspricht, bis auf die Ersetzung des Menschen durch die Maschine, im Wesentlichen dem Original.

Roboterethik

Die Roboterethik ist eine Keimzelle und ein Spezialgebiet der Maschinenethik. Gefragt wird danach, ob ein (weitgehend autonomer) Roboter ein Subjekt der Moral sein und wie man diese implementieren kann. Im Fokus sind auch mimische, gestische und natürlichsprachliche Fähigkeiten, sofern diese in einem moralischen Kontext stehen. Man kann nicht nur nach den Pflichten (als Verpflichtungen oder Vorgaben), sondern ebenso nach den Rechten der Roboter fragen. Allerdings werden ihnen – im Gegensatz zu Tieren – solche üblicherweise nicht zugestanden. Nicht zuletzt kann man die Disziplin in einem ganz anderen Sinn auffassen, nämlich in Bezug auf Entwicklung und Herstellung und die Folgen des Einsatzes von Robotern. In dieser Ausrichtung kann man sie in Technik- und Informationsethik verorten.

Die Robotik oder Robotertechnik beschäftigt sich mit dem Entwurf, der Gestaltung, der Steuerung, der Produktion und dem Betrieb von Robotern. Sie muss, was die Wirkung von Emotionen und die Glaubwürdigkeit von Aussagen, Handlungen und Bewegungen angeht, eng mit der Psychologie und der Künstlichen Intelligenz (KI) zusammenarbeiten. Je mehr ein Roboter durch sein Aussehen verspricht, desto perfekter muss er umgesetzt sein, damit er nicht unheimlich wirkt (Uncanny-Valley-Effekt). Das betrifft auch Fragen der Moral; von einem humanoiden Roboter erwartet man adäquate Aussagen und Entscheidungen. Bei hohen Ambitionen in diesem Kontext muss sich die Robotik mit Roboter- und Maschinenethik zusammentun, nicht ohne skeptische Erkundigungen und kritische Erkundungen von Technikethik und Informationsethik zuzulassen.

Wenn es um die Moral von (und gegenüber) Maschinen ging, war man lange Zeit auf Roboter fokussiert. Zum einen erfüllten sie die Anforderung, mehr oder weniger autonome Systeme zu sein, zum anderen erweckten sie – gerade wenn es sich um humanoide Roboter handelte – den Eindruck, als müssten sie in sittlicher und sozialer Hinsicht mehr leisten können als normale Maschinen. Als sich zu den Robotern weitere teilautonome und autonome Maschinen wie Agenten, Chatbots, bestimmte Drohnen, Computer im automatisierten Handel, selbstständig fahrende Autos sowie 3D-Drucker und Windkraftanlagen gesellten, war es vorbei mit der Einzigartigkeit. Der Vielfalt von Systemen mit ihren unterschiedlichen Möglichkeiten widmet sich die Maschinenethik, wobei sich diese auf Maschinen als Subjekte der Moral konzentriert. Der Begriff der Roboterethik wird sicherlich nicht verschwinden, allenfalls verstärkt auf Roboter als Objekte der Moral und als Verursacher von Problemen und Herausforderungen angewandt.

Robotergesetze

Über die Moral von Maschinen haben nicht nur Wissenschaftler, sondern auch Schriftsteller nachgedacht. Robotiker, KI-Experten und Philosophen sowie Technikjournalisten beziehen sich im Kontext von Roboter- und Maschinenethik gerne auf den Science-Fiction-Autor Isaac Asimov und seine berühmten Robotergesetze bzw. Gesetze der Robotik („The

Three Laws of Robotics"), die in der Kurzgeschichte „Runaround" aus dem Jahre 1942 und in weiteren Shortstorys enthalten sind.

Der Katalog ist hierarchisch aufgebaut und gibt so eine Priorisierung vor. Nach dem ersten Gesetz darf kein Roboter einen Menschen verletzen oder durch Untätigkeit erlauben, dass ein menschliches Wesen zu Schaden kommt. Nach dem zweiten muss ein Roboter den ihm von Menschen erteilten Befehlen gehorchen, es sei denn, einer der Befehle würde mit dem ersten Gesetz kollidieren. Nach dem dritten muss ein Roboter seine Existenz beschützen, solange er dabei nicht mit dem ersten oder zweiten Gesetz in Konflikt kommt. Asimov hat in einem späteren Werk den Katalog erweitert und modifiziert. Zudem spricht er in der 1974 erschienenen Geschichte „.. That Thou Art Mindful of Him" von den „Three Laws of Humanics", erdacht von Robotern, die die Macht an sich reißen wollen.

Robotersex

Robotersex, Sex mit und zwischen Robotern, ist ein Sujet von Science-Fiction-Büchern und -Filmen und – dort teilweise mit Hilfe von Avataren visualisiert – von Computerspielen. Auf dem Markt sind Sexroboter als handliches Spielzeug und (wie im Falle von Roxxxy) in Lebensgröße erhältlich. Mit Cybersex gibt es Berührungspunkte, wenn Sexroboter über das Netz gesteuert werden. Informations-, Technik- und Sexualethik gehen beim Robotersex eine Liaison ein; zudem können Fragen der Maschinenethik (insbesondere der Roboterethik) aufgeworfen werden, wenn der künstliche Sexarbeiter ein autonomes System ist.

Robotik

Die Robotik oder Robotertechnik beschäftigt sich mit dem Entwurf, der Gestaltung, der Steuerung, der Produktion und dem Betrieb von Robotern, z.B. von Industrie- oder Servicerobotern. Bei anthropomorphen oder humanoiden Robotern geht es auch um die Herstellung von Gliedmaßen und Haut, um Mimik und Gestik sowie um natürlichsprachliche

Fähigkeiten. Ein Problem dieser Form der Robotik ist das Uncanny Valley, das unheimliche Tal. Roboter gehören zu den Maschinen, mit denen sich die Maschinenethik beschäftigt. Die Robotik muss sich zusammen mit der Maschinenethik (und der Roboterethik) mit der Moral von Robotern auseinandersetzen.

Rolle

Der Begriff der Rolle ist vielschichtig. In der Soziologie bezeichnet man damit ein System von Verhaltensweisen, die durch die Erwartungen und Vorgaben der Gesellschaft dem Einzelnen gemäß seiner sozialen Position abverlangt werden. Allgemeiner kann man Rollen auch als Verantwortungen, Aufgaben, Kompetenzen, Eigenschaften und Verhaltensweisen von Personen und Gruppen in einem bestimmten Kontext und unter einer bestimmten Zielsetzung ansehen.

Rollen verändern sich durch externe Faktoren (Umwelt im weitesten Sinne, strukturelle Veränderungen, inhaltliche Neuausrichtung), ihre Träger (persönliche Neuausrichtung, Kompetenzenerwerb und -verlust) und ihre Neubestimmung (Änderung bei der Verantwortung, Aufgabenerweiterung und -einschränkung).

In elektronischen Systemen werden Rollen – zusammen mit Profilen – auch im Rahmen von Berechtigungskonzepten gebraucht. Je nachdem hat man – etwa als Leser, Autor, Manager oder Administrator – bestimmte Zugriffsrechte auf das System bzw. einzelne Anwendungen, Dokumente und Dateien.

_____s

Schlüsselqualifikation

„Schlüsselqualifikation" ist ein Sammelbegriff für all diejenigen Fähigkeiten und Kompetenzen, die notwendig oder auch wünschenswert für die erfolgreiche Beherrschung von in einem bestimmten Kontext wiederkehrenden Anforderungen sind.

Unter den Begriff werden insbesondere Softskills bzw. Sozialkompetenzen wie Kommunikations- und Teamfähigkeit sowie Methodenkompetenzen (beispielsweise zu Projektmanagement) subsumiert. Häufig werden auch persönliche Einstellungen wie Flexibilität, Belastbarkeit, Leistungsbereitschaft, Ehrlichkeit und Anständigkeit als Schlüsselqualifikationen bewertet.

Schwarmintelligenz

Der Begriff der Schwarmintelligenz (im Sinne der kollektiven Intelligenz von Menschen, nicht von Agenten oder Robotern) spricht den gezielten Einsatz von Fähigkeiten von Individuen und der Macht der Masse zur Lösung von Problemen und Bewältigung von Anforderungen an. Beispielsweise werden Doktorarbeiten über Wikis von Benutzern daraufhin überprüft, ob sie Plagiate darstellen, oder virtuelle Friedhöfe mit Bildern von Grabsteinen und Informationen zu den Toten bestückt.

Während die kollektive Intelligenz solche Fleißarbeiten meistens passabel bewältigt, bringt sie selten eine Weisheit der Masse hervor, sofern diese überhaupt existiert. Das zeigt sich auch an Projekten wie Wikipedia, wo unterschiedliche Schulen und Hintergründe, begriffliche Unschärfen und Inkonsistenzen, formale und strukturelle Schwächen sowie inhaltliche Defizite einer gesamthaft brauchbaren und von tiefer Erkenntnis geprägten Enzyklopädie entgegenstehen.

Polizei, Geheimdienste und Unternehmen analysieren Resultate der Schwarmintelligenz, um zu Prognosen zu gelangen und Trends herauszufinden. Dabei bedienen sie sich spezieller Software und dringen auch in geschützte Räume ein. Firmen nutzen die Schwarmintelligenz im Rahmen von Crowdsourcing. Die Informationsethik wirft die Frage auf, wie sich die Intelligenz des Schwarms und die Moral der Benutzer zueinander verhalten und ob die Schwarmintelligenz von Dritten genutzt werden soll und darf.

Schwarzer Schwan

Ein schwarzer Schwan ist ein Ereignis, das völlig unwahrscheinlich ist, gänzlich überraschend eintritt und (fast) alle erstaunt. Im Nachhinein wird deutlich, dass durchaus Anhaltspunkte vorhanden waren, und in manchen Fällen wurde das Ereignis auch von einem Experten vorausgesehen, den man nicht gehört, nicht verstanden oder nicht ernstgenommen hat. Der Begriff geht auf Publikationen von Nassim Nicholas Taleb zurück, das Bild auf Juvenal, der in den Satiren VI eine treue Ehefrau mit dem schwarzen Schwan vergleicht, der in der Antike in Europa unbekannt war.

Moralische Maschinen können als schwarze Schwäne angesehen werden. Tauchten sie lange Zeit nur in Science-Fictions auf und hielten die meisten Menschen ihre Umsetzung für unmöglich, werden sie nun von der Maschinenethik konzipiert. Technik- und Informationsethik berücksichtigen schwarze Schwäne in Technikgeschichte und Informationsgesellschaft.

Schweigespirale

Die Schweigespirale ist eine Theorie von Elisabeth Noelle-Neumann aus den 1980er-Jahren, basierend auf ihrer Theorie der öffentlichen Meinung aus den 1970er-Jahren. Weil Menschen sich davor fürchten, sich gesellschaftlich zu isolieren, artikulieren sie eher Mehrheitsmeinungen als Minderheitsmeinungen, sodass Mehrheitsmeinungen weiter gestärkt, Minderheitsmeinungen weiter geschwächt werden. Eine Rolle der Massenmedien kann darin bestehen, dass faktische Minderheitsmeinungen als

Mehrheitsmeinungen dargestellt werden, bis sie zu Mehrheitsmeinungen werden, weil die Anhänger der faktischen Mehrheitsmeinungen sich immer weniger getraut haben, ihre Meinungen zu vertreten, bis diese zu Minderheitsmeinungen geworden sind. Der Matthäus-Effekt im Web 2.0 hat mit der Schweigespirale durchaus Berührungspunkte, scheint aber eher eine „Schreispirale" zu sein.

Science-Fiction

Science-Fiction ist ein Literatur- und Filmgenre. Die Handlung ist meist in der Zukunft, auf der Erde, die kaum wiederzuerkennen ist, auf Weltraumschiffen oder auf Exoplaneten angesiedelt. Es werden Alternativen des Seins, des Zusammenlebens und des Bewohnens und für Technik, Politik und Wirtschaft entwickelt, bis hin zur Utopie, sodass auch einschlägige Romane, beginnend mit „Utopia" (1516) von Thomas Morus, dazuzählen können.

Etliche Filme sind ein mögliches oder tatsächliches Vorbild für die Maschinenethik, z.B. „2001: Odyssee im Weltraum" („2001: A Space Odyssey") von Stanley Kubrick mit der künstlichen Intelligenz namens HAL (1968) und „Moon" von Duncan Jones mit GERTY (1999). Besonders einflussreich sind die Robotergesetze („The Three Laws of Robotics") aus Isaac Asimovs Kurzgeschichte „Runaround" von 1942 geworden, und auch Stanisław Lems Geschichten dienen der Inspiration. In Technik- und Informationsethik werden Serien wie „Real Humans" (ab 2012) und Filme wie „Ex Machina" (2015) diskutiert.

Second Life

Second Life ist eine virtuelle Spiel- und Lebenswelt, in der man mit Hilfe von Avataren miteinander kommunizieren und interagieren sowie von Insel zu Insel navigieren kann. Man geht umher, betrachtet sich und andere, tanzt, fliegt und schwimmt. Die Avatare bauen sich nach und nach auf, mitsamt ihrer Kleidung und ihren Schuhen, die in ihren gehobenen Varianten für Linden-Dollars erstanden werden können. Unternehmen halten Meetings ab, Hochschulen Lehrveranstaltungen, die Folien auf pixelige Leinwände projizierend. Sie erschaffen eigene Gebäudekomplexe und Landschaften. Kinderavatare und Rollenspiele haben auch im Kontext der Informationsethik und der Sexualethik für Diskussionen gesorgt.

Selfie

Ein Selfie ist ein Selbstporträt, das mit dem Handy, dem Tablet oder dem Fotoapparat aufgenommen wird, indem man diese möglichst weit von sich weghält oder an einer Selfie-Stange (Selfie-Stick) befestigt. Es wird über soziale Medien bzw. über Kommunikationsdienste verteilt. Sonderformen sind Dronies, also Selfies, die man mit Hilfe von Fotodrohnen erstellt, und Roboselfies, also Aufnahmen, die Roboter aus verschiedenen Gründen von sich selbst machen. Daneben tauchen in den Medien immer wieder Neologismen wie „Polfies" (Selfies, die die Ersteller zusammen mit Polizisten zeigen) oder „Velfies" (Video-Selfies) auf.

Viele Selfies werden von jungen Leuten geschossen. Bei Mädchen ist die Entenschnute beliebt, eine auch als Duckface bekannte Grimasse, die zu einem vorübergehend volleren Mund führen soll. Zu sehen sind neben Einzelpersonen auch Gruppen. Wenn diese nackt sind, können Selfies zum Sexting gehören. Egozentrik, Sexualisierung und Schädigung der informationellen Autonomie sind Probleme, die auch in der Informationsethik diskutiert werden. Selfies sind allerdings nicht nur das hässliche Gesicht der Informationsgesellschaft, sondern auch ihr experimenteller, verspielter und ironischer Ausdruck. Sie können damit eine Form des Cyberhedonismus sein.

Serviceroboter

Serviceroboter sind für Dienstleistung, Unterhaltung und Zuwendung zuständig, sie holen Geschirr und Besteck, Nahrungsmittel und

Medikamente, überwachen die Umgebung ihrer Besitzer oder den Zustand von Patienten und halten ihr Umfeld im gewünschten Zustand. Wenn sie mit Sensoren ausgestattet sind, wenn sie über Intelligenz und Erinnerungsvermögen verfügen, werden sie nach und nach zu allwissenden Begleitern. Sie wissen, was ihr Besitzer tut, was er sagt, wie er sich fühlt, was er trägt, was in seiner Umwelt geschieht. Alltäglich sind Haushaltsroboter wie Saug- und Mähroboter, unüblich noch Pflege- und Therapieroboter. Es scheint wichtig, dass der Datenschutz thematisiert wird und Technik- und Informationsethik sich den Herausforderungen stellen.

Sexroboter

Sexroboter sind je nach Geldbeutel und Geschmack als handliches Spielzeug oder in Lebensgröße erhältlich. Man kann sie mit nach Hause nehmen und vielleicht bald in Etablissements treffen. Sie helfen bei der Befriedigung, indem sie einen stimulieren oder sich penetrieren lassen. Manche setzen auch auf die Lust der Sprache und den Reiz der Stimme. Robotersex ist sowohl der Sex mit als auch zwischen Robotern. Gefragt sind Informations-, Technik- und Sexualethik sowie – z.B. in Bezug auf die moralischen Fähigkeiten oder den Grad der Autonomie des künstlichen Sexarbeiters – die Maschinenethik.

Sexting

Sexting ist das Produzieren und Versenden von digitalen Fotos und Videos mit sexuellen Inhalten, vornehmlich durch Kinder, Jugendliche und junge Erwachsene, die ihren eigenen oder einen anderen nackten Körper (respektive Teile davon) zur Schau stellen wollen. Es kann als Form des Cybersex gelten, wenn man auch mobile Geräte und entsprechende Netze zum Cyberspace zählt. Der Racheporno basiert häufig auf dem Sexting. Innerhalb der Informationsethik ist der Zusammenhang zwischen Sexting und Cybermobbing relevant.

Shitstorm

Ein Shitstorm ist ein Sturm der Entrüstung im virtuellen Raum, in sozialen Netzwerken, in Blogosphären sowie in Kommentarbereichen von Onlinezeitungen und -zeitschriften. Er wird verursacht durch den Moralismus der Informationsgesellschaft und die Wut der Netzbürgerinnen und -bürger. Er richtet sich gegen Personen oder Organisationen und kann die Grenzen zum Cybermobbing überschreiten. Ebenso kann er in manchen Fällen ein Umdenken und Einlenken nach sich ziehen. Die Verantwortlichen begeben sich gerne unter den Schutz der Anonymität. Das Gegenteil ist der Candystorm.

Sicherheit

„Sicherheit" ist im Deutschen ein schillernder Begriff. Im Englischen wird zwischen „security" (Sicherheit vor einem Angriff) und „safety" (Sicherheit im Betrieb) unterschieden. IT-Sicherheit kann beide Aspekte umfassen. Datensicherheit meint den Schutz von Daten vor unerwünschter Verfälschung, ungewollter Zerstörung und unzulässiger Verbreitung.

Sinnhafte Entcomputerisierung

„Sinnhafte Entcomputerisierung" ist der Titel einer Glosse aus dem Jahre 2013 und ein Begriff für die systematische Eindämmung der Computerisierung und mithin der Automatisierung. Im Buch „Die Rache der Nerds" von 2012 kommt die Abkürzung TFRGL vor, die als Arbeitsbegriff für „technologiefreie Räume, Gegenstände und Lebewesen" steht. Innerhalb der Informationsethik kann danach gefragt werden, ob wir in der Informationsgesellschaft in unseren Möglichkeiten und Freiräumen eingeschränkt werden bzw. gesundheitlichen Gefahren ausgesetzt sind.

Smart Grid

Smart Grid ist die Vernetzung und Steuerung von Stromerzeugungsanlagen und -speichern und anderen Betriebsmitteln sowie elektrischen

Verbrauchern vor dem Hintergrund zunehmend dezentraler Strukturen und liberalisierter Märkte. Im Deutschen spricht man auch vom intelligenten Stromnetz. Privathaushalte (Smart Home) und Unternehmen als Kunden legen ihren Stromverbrauch in einem meist automatisierten Verfahren gegenüber Produzenten und Anbietern offen, damit die Elektrizitätsversorgung zeitlich und logistisch optimiert werden kann. Damit verraten sie mehr als nur mathematische Werte; sie verraten, soweit dies aus dem energetischen Fingerabdruck (im weitesten Sinne verstanden) herauszulesen ist, was sie und wie oft sie es tun, was sie einsetzen und wie sie es betreiben. Aus Sicht des Umweltschutzes ist Smart Grid unter Umständen hilfreich, aus Sicht der Informationsethik und des Datenschutzes in der Regel problematisch.

Smart Home

Der Begriff „Smart Home" zielt auf das informations- und sensortechnisch aufgerüstete, in sich selbst und nach außen vernetzte Zuhause. Verwandte Begriffe sind „Smart Living" und „Intelligent Home". Enge Beziehungen gibt es im Allgemeinen zum Internet der Dinge und im Speziellen zu Smart Metering. Angestrebt wird eine Erhöhung der Lebens- und Wohnqualität, der Betriebs- und Einbruchsicherheit und der Energieeffizienz, was sowohl ökonomische als auch ökologische Implikationen hat.

Automatisch gesteuerte Heizungen, Lüftungen, Türen, Fenster, Markisen, Jalousien und Lampen (Gebäude- oder Hausautomation) sowie manuell über mobile Geräte wie Smartphones kontrollier- und manipulierbare Systeme gehören genauso zu Smart Home wie Smart Metering und Smart Grid. Intelligente Kühlschränke und Kaffeemaschinen (Haushaltsgeräteautomation), die selbst eine Verknappung erkennen und selbstständig eine Bestellung auslösen, werden seit Jahren beschworen, haben sich aber kaum durchgesetzt. Waschmaschinen passen Wasserzufuhr und Waschdauer automatisch an, ohne deshalb zwangsläufig mit anderen Systemen vernetzt zu sein.

Das intelligente Haus war bereits in den 1990er-Jahren eine verbreitete Vision. Auch die regelmäßige Umbenennung des Phänomens hat nicht zu den gewünschten Fortschritten geführt. Manche Komponenten sind inzwischen Standard, ohne dass das große Ganze erreicht wurde, außer in Vorzeigeprojekten und Musterhäusern. Nachteilhaft und Thema der Informationsethik sind der Verlust der informationellen Autonomie und die Möglichkeit des Datenmissbrauchs, auch im Kontext von Big Data. Eine feindliche Übernahme von Systemen ist kaum zu verhindern; diese können u.U. an- und ausgeschaltet, fehlbetrieben und überhitzt oder verschlissen werden, was wiederum Informations- und Technikethik auf den Plan ruft.

Smart Metering

Smart Metering ist das computergestützte Messen, Ermitteln und Steuern von Energieverbrauch und -zufuhr. Dabei sind Unternehmen und Privathaushalte (Smart Home) gleichermaßen relevant. Smart Meter sind intelligente, vernetzte Zähler für Ressourcen und Energien wie Wasser, Gas oder Strom. Als Stromzähler sind sie Teil des Smart Grid, des intelligenten Stromnetzes. Smart-Metering-Systeme umfassen neben den Zählern zusätzliche Ein- und Ausgabegeräte und Onlineanwendungen. Die anfallenden Daten werden bei einem übergeordneten Ansatz einem Messdienstleister übermittelt.

Mit Hilfe von Smart Metering kann der Benutzer genau erkennen, zu welchem Zeitpunkt er welche Menge an welchem Punkt verbraucht. Der Messdienstleister kann, wenn er die Erlaubnis dafür hat, die Daten auswerten und an Energiebetriebe weitergeben, die sie wiederum für die Optimierung des Smart Grid und allgemein für Netz- und Lastmanagement benötigen. Smart Metering ist ein Aspekt von Big Data. Mit diesem Begriff werden große Mengen an Daten angesprochen, die auch aus Haushalten und Energiewirtschaft und konkret von Smart-Metering-Systemen stammen und die mit speziellen Lösungen gespeichert, verarbeitet und ausgewertet werden.

Energiemanagement ist die Kombination aller Maßnahmen, die bei einer geforderten Leistung einen minimalen Energieeinsatz sicherstellen. Ein Anliegen ist es, den privaten oder betrieblichen Energieverbrauch und den Verbrauch von Roh-, Hilfs- und Zusatzstoffen zu senken. Das Energiemanagementsystem dient der systematischen Erfassung und Kommunikation der Energieströme und der automatischen Steuerung von Einrichtungen und Apparaten zur Verbesserung der Energieeffizienz. Es kann Smart Metering umfassen und mit Hilfe eines Smart Grid umgesetzt sein.

Grundsätzlich ist unklar, ob bzw. wann Smart Metering wirklich Effektivität und Effizienz erhöht. Da die Verbrauchsmessung mannigfache Rückschlüsse auf Lebensweise, Verhalten und Leistung erlaubt, wird sie in Datenschutz, Informationsethik und Technikethik hinterfragt. Einsparmöglichkeiten und Ressourcenschonung – für die sich auch Wirtschafts- und Umweltethik interessieren – stehen Verlusten bei der informationellen und persönlichen Autonomie und Risiken im Bereich von Big Data gegenüber. Ein weiteres Problem sind Manipulationen durch Hacker. Diese können Messwerte verändern und Energiesysteme und -netze beeinflussen.

Smartphone

Das Smartphone ist ein Kleinstrechner und ein Allzweckgerät für das Lesen (von Zeitungen, Zeitschriften und Büchern), Hören (von Musik und Hörspielen und -büchern), Schauen (von Fotos und Videos), Kommunizieren (Simsen und Telefonieren) sowie Gamen. Es dient als Transaktionssystem im Mobile Commerce, als Interaktionsmedium im Mobile Learning und als Assistenzgerät im E-Health. Bei Robotern wird es zum Gehirn und zum Gesicht, in Autos zum Navigationssystem und zum Herzen der Musikanlage. Als Software dominieren neben Betriebssystem und Browser native und nichtnative (auf HTML basierende) Apps. Das Smartphone unterstützt und gefährdet die persönliche und informationelle Autonomie. Einerseits hilft es bei einem verantwortungsbewussten, selbstbestimmten Leben, auch und gerade Jugendlichen und Alten, andererseits drohen Zwang zur ständigen Verfügbarkeit und Hang zur totalen Überwachung.

Smartwatch

Eine Smartwatch ist eine digitale, dem Namen nach „schlaue" Armbanduhr, die über ein flaches, eckiges oder rundes Display verfügt und ähnlich wie ein modernes Handy bedient und mit diesem verbunden werden kann, über Near Field Communication (NFC) oder Bluetooth. Sie zeigt Zeit und Datum an, misst den Puls, zählt die Schritte und vermittelt Informationen aller Art. So kann man Wetterbericht, Flugdaten und Verkehrsmeldungen oder SMS, E-Mails und Tweets abrufen. Die Smartwatch gehört wie die Datenbrille zu den Wearables, zu den unmittelbar am Leib bzw. am Kopf getragenen Kleinstcomputern.

Das zentrale Aus- bzw. Eingabegerät ist das Display, das meistens als Touchscreen realisiert ist. Eine wichtige Funktion hat auch die Audioschnittstelle, etwa für MP3-Player und Sprachassistent. Sensoren erfassen Daten der Umwelt und des Trägers, Aktoren setzen Befehle um und lösen Aktionen aus. Über vorinstallierte und downloadbare Software passt man die Benutzeroberfläche an. Die Smartwatch kann wie eine klassische Uhr (mit analoger oder digitaler Anzeige) oder ein übliches Gadget aussehen. Über Apps sind die Features erweiterbar. Die Datenuhr ist internetfähig und interagiert mit dem Benutzer und mit anderen Geräten und Systemen, in erster Linie dem Smartphone. Damit ist sie Teil des Internets der Dinge und kann aus der Mensch-Maschine- und der Maschine-Maschine-Interaktion heraus beschrieben werden.

Die Smartwatch erlaubt eine diskrete Abfrage von Informationen durch den Träger. Dadurch, dass sie am Handgelenk getragen wird, kann sie besonders effektiv über Vibration kommunizieren. Sie kann zudem den Körper beobachten und dessen Funktionen auswerten. So entstehen Optionen für Gesundheitsvorsorge, Senioren- und Patientenbegleitung sowie den Fitness- und Sportbereich, aber auch Probleme für informationelle Autonomie und Datenschutz. Risiken sind weiter wegen der Omnipräsenz des Geräts (und der Abhängigkeit von diesem) und seiner Überwachungsmöglichkeiten vorhanden. Rechtswissenschaft, Technikethik und Informationsethik erarbeiten Grundlagen von Lösungen. Eine wirtschaftliche Herausforderung ist die Integration in das Mobile Business, wobei der einfache und sichere Austausch zwischen „Cyberchronometer" und Smartphone entscheidend sein dürfte. Eine technische ist die Akkulaufzeit. Ein Ansatz zur Verbesserung ist die Stromgewinnung durch die Bewegung des Arms oder beim Fahrradfahren.

Social Media

Soziale Medien (Social Media) dienen der – häufig profilbasierten – Vernetzung von Benutzern und deren Kommunikation und Kooperation über das Internet. Das Attribut kann im Sinne der individuellen oder gemeinschaftlichen Partizipation oder eines selbstlosen und gerechten Umgangs verstanden werden. Für manche Betreiber ist das Soziale nur Mittel zum Zweck (der Datennutzung), und Cybermobbing und -stalking sind gerade in sozialen Netzwerken verbreitet („Antisocial Media"). Unter Betonung des Technischen spricht man auch von Social Software. Das Web 2.0, das Mitmachweb, ist wesentlich durch soziale Medien geprägt.

Mit Hilfe von sozialen Medien kann man sich austauschen, unter Privatpersonen oder unter Kolleginnen und Kollegen. Man kommuniziert, man arbeitet und gestaltet zusammen, wobei Text, Bild und Ton verwendet werden. Man kann sich als Unternehmen mit Kunden vernetzen, zum Zweck des Marketings, der Marktforschung, des Kundensupports und -feedbacks oder des Crowdsourcings, oder als Verwaltung mit Bürgern, zum Zweck der Information und der Partizipation. Auch die HR-Verantwortlichen profitieren, indem sie sich über Bewerber informieren und Mitarbeiter akquirieren. Nicht zuletzt sind Agitation und Manipulation über soziale Medien möglich.

Social Networks, Weblogs, Microblogs, Wikis und Foto- und Videoplattformen werden als typische Vertreter sozialer Medien angesehen. Aber auch Chats und Diskussionsforen, virtuelle Kontakt- und Tauschbörsen und bestimmte Apps zur Kommunikation und Bewertung kann man bei einem weiten Begriff dazuzählen. Ferner können Medien wie Mashups und Podcasts in diesem Sinne genutzt werden. Soziale Medien haben eine große Bedeutung für E-Learning, Blended Learning und Wissensmanagement. Sie werden zur E-Collaboration, zum Brainstorming oder im Sinne von Lerntagebüchern genutzt und dienen allgemein dem informellen Lernen. Häufig sind sie in Lernplattformen und Knowledge-Management-Lösungen integriert. Auf Sharing-Economy-Plattformen sind Funktionen sozialer Medien zu finden.

Social-Media-Richtlinien

Social-Media-Richtlinien sind Richtlinien, die sich an die Mitarbeiterinnen und Mitarbeiter eines Unternehmens oder einer Organisation richten, sich auf verschiedene Aspekte der Nutzung von sozialen Medien während der und für die Arbeit beziehen und je nach Art mehr oder weniger verbindlich sind. Sie sind eine Mischung aus Vorschlägen und Regeln zum respektvollen und praktikablen Umgang (wie in der Netiquette) und zum moralisch richtigen Handeln (wie in der Netiquette und in Kodizes) sowie aus einschlägigen Gesetzen und Vorschriften bzw. Ableitungen aus der Rechtsprechung.

Die Richtlinien schützen sowohl Firmen als auch Mitarbeiterinnen und Mitarbeiter und helfen, eine erfolgreiche Kommunikation sicherzustellen. Im besten Falle sind sie aus der Social-Media-Strategie abgeleitet und mit den Kommunikations- und Verhaltensleitlinien abgeglichen. Sie thematisieren die Nutzung von Social Networks, Weblogs, Microblogs, Wikis und Foto- bzw. Videoplattformen und regeln u.a. private und berufliche Nutzung, Eigenverantwortlichkeit, Herstellung von Transparenz, Kenntlichmachung von individuellen Meinungsäußerungen, Einhaltung gesetzlicher Bestimmungen, Verbreitung unternehmensrelevanter

Informationen, Höflichkeit und Respekt, Sorgfalt und Kontinuität sowie Monitoring und Expertise.

Social-Media-Richtlinien verlangen von Mitarbeiterinnen und Mitarbeitern eine permanente Reflexion ihrer Tätigkeit. Wenn sie zu sehr auf die Interessen des Unternehmens bzw. der Organisation abgestimmt sind, verlangen sie unter Umständen das Unmögliche. Man soll sich einerseits als Person zurücknehmen, andererseits Botschafter für den Betrieb sein. Erfolg oder Misserfolg einer Aktion entscheiden im Nachhinein über Deutung und Wertung. Wenn in den privaten Gebrauch der sozialen Medien hineingeredet wird, kann die allgemeine Akzeptanz gefährdet sein. Im Extremfall werden Bürger- und Menschenrechte tangiert. Diese müssen grundsätzlich berücksichtigt und gestärkt werden mit Blick auf den kommerziellen Betrieb von sozialen Medien, auf Privatheit und Datenschutz.

Soziale Isolation

Bei der intensiven Nutzung von Informations- und Kommunikationstechnologien und darauf aufbauenden Informationssystemen bzw. von neuen Medien kann eine Form der sozialen Isolation entstehen. Der Betroffene nimmt nicht mehr am gesellschaftlichen Leben teil, verlernt Sitten und Gebräuche und erwirbt Verhaltensformen, die nur wenigen zugänglich sind. Zugleich kann er mit den genannten Technologien auch eine gegebene soziale Isolation überwinden und Merkmale wie Geschlecht und Ethnie sowie Behinderungen zur Nebensächlichkeit erklären. Treiber können nicht nur private Verhältnisse, sondern auch betriebliche Strategiewechsel, hin zur Telearbeit und zum E-Learning, sein.

Soziale Robotik

Die soziale Robotik (engl. „social robotics") mit Wurzeln in den 1940er- und 1950er-Jahren und einem Boom seit ca. 1990 beschäftigt sich mit teilautonomen und autonomen Maschinen, die in Befolgung sozialer Regeln mit Menschen interagieren und kommunizieren und zuweilen humanoid bzw. anthropomorph realisiert und mobil sind. Manche Experten lassen in diesem Zusammenhang nur physisch vorhandene Roboter gelten, andere auch virtuell umgesetzte, sogenannte Agenten oder Bots. Soziale Roboter täuschen oft Gefühle vor, und man spricht von „emotionaler Robotik" und „sozial-emotionaler Robotik". Wenn die Maschinen zu moralisch adäquaten Entscheidungen fähig sein sollen, ist die Maschinenethik gefragt.

Die Maschinen, die die soziale Robotik hervorbringt, sind in ihren Handlungen und Aussagen sozial verträglich und erfüllen damit alltägliche Erwartungen bzw. befriedigen fundamentale Bedürfnisse. Sie versuchen sowohl physische als auch psychische Verletzungen und überhaupt das Leiden von Menschen zu vermeiden. Dazu gehört, dass sie Menschen nicht so hart anfassen wie (unempfindliche) Dinge, ihnen soweit wie möglich helfen und sie unterstützen und sie nicht beleidigen und beschimpfen. Man entwickelt neue Systeme, die für ihre Entscheidungen Regeln und Fälle herbeiziehen, sowie neue Technologien wie künstliche Haut und kombinierte Sensoren. Als moralische Maschinen, die Gegenstand der Maschinenethik sind, unterscheiden sie zwischen guten und schlechten (Sprech-)Akten. Dabei liegen allgemein akzeptierte Rechte und Pflichten wie die Menschenrechte zugrunde oder pragmatische, etwa auf die Anschauungen der Benutzer bezogene Modelle.

Eine wichtige Rolle spielt die soziale Robotik bei der Entwicklung von cyber-physischen Systemen (CPS). Bei CPS sind informations- und softwaretechnische mit mechanischen bzw. elektronischen Komponenten verbunden, wobei Datenaustausch und z.T. Kontrolle und Steuerung über eine Infrastruktur wie das Internet in Echtzeit abgewickelt werden. Wesentlicher Bestandteil sind mobile und bewegliche Maschinen, eingebettete Systeme und miteinander vernetzte Gegenstände (Internet der Dinge). Damit ist die soziale Robotik auch von Bedeutung für die Industrie 4.0, die sich durch Individualisierung bzw. Hybridisierung der Produkte und die Integration von Kunden und Geschäftspartnern in die Geschäftsprozesse auszeichnet, wobei Automatisierung und neue Formen der Mensch-Maschine-Kommunikation oder -Interaktion relevant sind. In der Industrie 4.0 soll ein verstärktes autonomes Arbeiten der Maschine genauso realisiert werden wie ein engeres (und doch konfliktfreies) Miteinander von Mensch und Maschine. Auch Tiere können in der sozialen Robotik (und von der Maschinenethik) berücksichtigt werden. In diesem Fall versuchen die Maschinen mit Hilfe sozialer Konventionen (oder moralischer Überzeugungen) das Wohl aller Lebewesen zu fördern. Auch ein unmittelbarer Bezug zur Kreatur ist möglich, etwa ein Vermeiden ihres Leidens um ihrer selbst willen, wobei hier der Begriff des Sozialen zu diskutieren wäre. Dies wäre auch notwendig, wenn Maschinen mit anderen Maschinen interagieren und kommunizieren (Maschine-Maschine-Interaktion und „machine-to-machine communication").

Eine grundsätzliche Diskussion in der sozialen Robotik ist auch eine grundsätzliche Diskussion in der Künstlichen Intelligenz (KI). Bis zuletzt hat der Intelligenzbegriff der schwachen KI dominiert. Ihr geht es vornehmlich um die Simulation intelligenten Verhaltens. Allerdings werden durch die Praxis inzwischen Fähigkeiten nachgefragt, die man eher der starken KI zuordnen würde, die – seit ihren Anfängen in den 1950er-Jahren – ein Bewusstsein und Gefühle von Maschinen erreichen will und in wesentlichen Aspekten gescheitert ist. Roboter sollen vorsichtig gegenüber Menschen sein, in ihren Worten und Handlungen, und sie sollen sich sogar moralisch verhalten. Diese Anforderungen können innerhalb der schwachen KI mit Hilfe neuer Ansätze gelöst werden. Es müssen aber auch Ansätze der starken KI hinzugenommen werden, und es ist nicht auszuschließen, dass manche der Versprechen der starken KI auf diesem Umweg doch noch eingelöst werden können. Einen direkten Weg versuchen Forschungsprojekte zu nehmen, in denen das menschliche Gehirn maschinell nachgebaut wird, wobei die Prämissen umstritten sind. Letztlich dürfte es unerheblich sein, ob die Maschine wirklich, aus eigenem Antrieb, sozial und moralisch ist oder nur scheinbar, als Simulation. Entscheidend scheint in der sozialen Robotik wie auch in der Maschinenethik das Ergebnis zu sein, also die funktionierende, friedliche, angenehme und moralisch angemessene Koexistenz von Mensch und Maschine.

Spam

„Spam" stand ursprünglich für das Dosenfleisch einer amerikanischen Firma. Seit Jahren werden darunter auf der ganzen Welt unverlangt zugestellte E-Mails und andere unerwünschte Nachrichten verstanden. Ein guter Teil der elektronischen Post, die Mitarbeiter heute erhalten, ist Spam. Es handelt sich dabei um Werbung, Kettenbriefe oder durch Viren versandte E-Mails.

Spam hat hohe Kosten und erheblichen Ärger zur Folge. Server und Netzwerke werden belastet, der interne IT-Support muss intensiviert, die eine oder andere externe Dienstleistung in Anspruch genommen werden, Mitarbeitende verlieren Zeit durch das Öffnen und Lesen der Nachrichten sowie das Vertrauen in das Kommunikationssystem, die Unternehmen Geld durch eingeschränkte Produktivität, und angehängte Viren, Würmer und Trojaner können Schäden verursachen. Spam als Massenphänomen ist zur Cyberkriminalität zu rechnen und somit, was die moralische Komponente anbelangt, Gegenstand der Informationsethik.

Spin Doctor

Ein Spin Doctor ist ein spezieller und spezialisierter Kommunikationsberater. Er rückt z.B. den Politiker, der ihn beauftragt hat, in ein positives, den Politiker der Gegenpartei in ein negatives Licht. Sein „Dreh" entspricht einer subtilen Manipulation und wird argwöhnisch von Konkurrenten und Aktivisten beäugt. Im Web wimmelt es von den Schönheitschirurgen der besonderen Art, und auch Beiträge in Wikipedia – nicht nur über Politiker, sondern auch über Unternehmen und Wissenschaftler – werden aufgehübscht und weißgewaschen. Die Verdrehung der Wahrheit im virtuellen Raum ist ein Thema der Informationsethik.

Subjekt der Moral

Von einem Subjekt der Moral geht eine Handlung aus, die moralische Implikationen hat, die z.B. gut oder böse ist in Bezug auf den Willen, der sie hervorgebracht hat, oder die Absicht, um allgemeiner zu sein. Mit ihm sind in der Regel auch Pflichten oder Verpflichtungen verbunden, etwas zu tun oder zu unterlassen.

Dem Subjekt kann auch, unabhängig von der Handlung, eine Denkweise innewohnen, die es in moralischer Hinsicht zu bewerten gilt. Dass die Gedanken frei sind, wie ein altes Lied sagt, bedeutet zwar, dass man keine Denkverbote erlassen soll, aber nicht, dass das Denken außerhalb der Moral stünde.

Bestimmte Menschen sind Subjekte der Moral, wie Erwachsene mit ungetrübtem Urteilsvermögen. Kleinstkinder stehen außerhalb der Moral; sie sind amoralisch. Tiere sind keine Subjekte der Moral, keine „Moralwesen"; manche von ihnen, Schimpansen, Elefanten und Delfine, haben womöglich vormoralische Qualitäten.

In der Informationsgesellschaft sind Subjekte der Moral moralische Akteure wie Unternehmer, die IT-Firmen gegründet haben, Manager und Mitarbeiter dieser Unternehmen oder Konsumenten im Internet. Ob Maschinen auch Subjekte der Moral sein und einen Willen oder eine Absicht haben können, untersucht die Maschinenethik.

Tablet

Ein Tablet ist ein kleiner, dünner, leichter Computer mit einem Touchscreen. Es verfügt über Kameras, Mikrofon und Lautsprecher sowie eine virtuelle oder mechanische (ergänz- bzw. abnehmbare, selten auch fest verbaute) Tastatur. Über vorinstallierte Programme und heruntergeladene Apps werden Dienste und Funktionen zur Verfügung gestellt.

Tablets werden wie Smartphones, die geringere Abmessungen haben, zum Betrachten von Fotos und Videos, Informieren und Kommunizieren, Buchen von Hotelzimmern und Mietwagen, Einkaufen und Fotografieren sowie für das Steuern von Geräten eingesetzt. Dabei sind auditive und visuelle Schnittstellen und spezialisierte Software von Relevanz.

Als Arbeitsgeräte taugen Tablets nur bedingt, da das Schreiben wegen der Tastaturen, das Lesen wegen der Displays nicht einfach ist. Der Außendienst mag eine Ausnahme darstellen, wo man sie zur Demonstration, zur Dateneingabe und zum Nachschlagen nutzt. Es sind letztlich Medien für den schnellen Konsum, für das Spielen und teils auch das Lernen. Im Haushalt ergänzen sie meist Notebook und Smartphone.

Die Vielzahl der Computer ist, im Zusammenhang mit Produktion und Entsorgung, Gegenstand von Wirtschafts- und Umweltethik. Anführen lässt sich nicht zuletzt die Informationsethik, etwa in Bezug auf die Apps, die Daten abziehen und, zusammen mit Kamera und Mikrofon, Vorgänge und Personen überwachen.

Tagging

Tagging ist eine Form der individuellen Kennzeichnung oder subjektiven Verschlagwortung, die häufig im Web 2.0 bzw. im Kontext von sozialen Medien vorkommt. Die feste Verschlagwortung war Kernkompetenz der Bibliothekarinnen und Bibliothekare, die freie ist Spielwiese der Benutzer.

Mit den (meist textuellen) Kennzeichnungen (Tags, im Falle von Microblogs auch Hashtags) werden z.B. Städte, Landschaften oder Personen auf Fotos identifiziert oder kommentiert und Einträge in einem Weblog einem Thema zugeordnet. Über Verlinkungen oder Suchfunktionen können die getaggten Objekte aufgefunden werden. Tags gehören zu den Metadaten, wobei sie durch ihre Individualität und Subjektivität eine besondere Gruppe bilden.

Tagging kann von Menschen ausgehen und von Maschinen. Die Bedeutung schwächt sich in dem Moment ab, wo Content direkt maschinell analysiert wird, ohne Zuhilfenahme der Sprache. Allerdings braucht es auch in diesem Fall am Ende ein Gerüst, eine Referenz, ein Hilfsmittel zur Verbindung der multimedialen Objekte mit dem menschlichen Denken.

Technikethik

Die Technikethik bezieht sich auf moralische Fragen des Technik- und Technologieeinsatzes. Es kann um die Technik von Häusern, Fahrzeugen oder Waffen ebenso gehen wie um die Nanotechnologie. Zur Wissenschaftsethik und (in der Informationsgesellschaft) zur Informationsethik besteht ein enges Verhältnis. Zudem muss die Technikethik mit der Wirtschaftsethik kooperieren. Technikfolgenabschätzung (TA), auch Technologiefolgenabschätzung genannt, ist für Analyse und Bewertung der Wirkungen und Folgen einer Technik bzw. Technologie zuständig und ein wichtiges Instrument bei der Beratung der Politik. Die Technikethik kann zur Technikphilosophie gezählt bzw. als mit ihr verwandt angesehen werden.

Nach Otfried Höffe sind Technikfolgen ein bedeutendes Thema der Ethik geworden, weil die wissenschaftlich geleitete Technik die Arbeits- und Lebenswelt der Menschen immer nachhaltiger beeinflusse, umgestalte und schaffe. Primäre Problemfelder praktischer Verantwortung und ethischer Reflexion seien in diesem Zusammenhang u.a. die Klärung der moralischen Berechtigung der Nutzung von Kernenergie, die Abschätzung von Gefahren und Chancen der Prägung, Bildung, Manipulation und Deformation des Menschen durch die Medien- und Computertechnik sowie „die Sicherung der Humanität der Arbeitswelt im Rahmen der Globalisierung der marktgesellschaftlichen Ökonomie", die durch die neuen Techniken und durch Systeme der Information und Mobilität ermöglicht und vorangetrieben werde. Annemarie Pieper verweist auf die ethischen Voraussetzungen des „Herstellungshandelns" und fordert eine Verantwortungsethik für „jene Personengruppen, die durch die Erzeugung technischer Produkte massiv in unsere Lebensverhältnisse eingreifen".

Mit der Technisierung der unbelebten und belebten Welt, wie sie sich bei den denkenden Dingen, bei cyber-physischen Systemen, in der Gentechnik und im Transhumanismus zeigt, nimmt die Bedeutung der Technikethik (wie überhaupt der Technikphilosophie) zu. Mit der Computerisierung der Technik wächst die Technikethik noch mehr mit der Informationsethik zusammen, die aus der einen Perspektive innerhalb ihrer Grenzen entstanden ist, aus einer anderen Perspektive sich (auch unter dem Einfluss von Informations- und Medienwissenschaft) mehr oder weniger eigenständig entwickelt und längst als Bereichsethik etabliert hat. Hinsichtlich der Entwicklung und Produktion von Technik und Technologien, im E-Business, in der Industrie 4.0 und überhaupt bei ökonomischer Relevanz ist zudem die Wirtschaftsethik gefragt, bei auf Wissenschaft basierenden (also immer mehr) Erkenntnissen und Produkten die Wissenschaftsethik. Jetzt und in Zukunft geht es darum, Pieper folgend, dass das technisch Machbare durch das ethisch Wünschenswerte restringiert wird. Allerdings ist zu beachten, dass auch das technisch Versäumte unwillkommene Auswirkungen haben kann.

Technikfolgenabschätzung

Die Technikfolgenabschätzung oder Technologiefolgenabschätzung zielt auf Analyse und Bewertung der Wirkungen und Folgen einer Technik bzw. Technologie ab und ist trotz der kaum noch zu übersehenden Problemgebiete und der kaum noch zu bewältigenden Komplexität immer noch ein wichtiges Instrument, vor allem bei der Beratung der Politik.

Das Büro für Technikfolgen-Abschätzung beim Deutschen Bundestag (TAB) wird vom Institut für Technikfolgenabschätzung und Systemanalyse (ITAS) des Karlsruher Instituts für Technologie (KIT) unterhalten, auf der Basis eines Vertrags mit dem Deutschen Bundestag. In der Schweiz berät das Zentrum für Technologiefolgen-Abschätzung TA-SWISS im Rahmen seines gesetzlich verankerten Auftrags die Politik. In Österreich ist das Institut für Technikfolgen-Abschätzung (ITA), eine Einrichtung der Österreichischen Akademie der Wissenschaften, für die „Entscheidungsträger" unterwegs.

Die Technologiefolgenabschätzung ist interdisziplinär und bedient sich der Methoden verschiedener Wissenschaften, u.a. der Soziologie, der Psychologie und der Philosophie. Prognostik und Statistik sind elementar für sie. In moralischen Fragen der Informationsgesellschaft trifft sie sich mit der Informationsethik, in technisch-philosophischen mit der Technikphilosophie.

Technikphilosophie

Die Technikphilosophie ist eine Disziplin der Philosophie, die sich mit der Bedeutung der Technik für Mensch, Gesellschaft, Umwelt und Welt befasst (was ist und kann Technik). Sie hat Beziehungen zur Technikethik (was soll Technik) und Informationsethik (was soll Informationstechnik) und zur Technikfolgenabschätzung (welche Folgen hat Technik). Ihre Wurzeln liegen in Werken von Platon und Aristoteles („Nikomachische Ethik").

Telearbeit

Telearbeit ist Arbeit, die zu einem guten Teil über Informations- und Kommunikationstechnologien und Softwarewerkzeuge erbracht wird. Angestellte oder Selbstständige operieren von zu Hause aus oder zumindest (temporär) räumlich getrennt von der Arbeitsstelle bzw. dem Kunden und Auftraggeber. Man spricht auch vom Homeoffice, vom Büro im eigenen Zuhause. Nach jahrelanger Zurückhaltung haben einige Unternehmen die Telearbeit aus Kostengründen entdeckt und beschränken sogar die Zahl der Arbeitsplätze, um die Mitarbeitenden fernzuhalten und Kosten für Wasser, Strom, Reinigung etc. einzusparen. Das Konzept „Bring Your Own Device (BYOD)" entstammt ebenfalls dieser ökonomischen Logik, mag aber nebenbei an den Bedürfnissen von Arbeitnehmenden orientiert sein.

Je nach zeitlichem Umfang der über die Technologien erbrachten Leistungen unterscheidet man Teleheimarbeit und Teilzeittelearbeit (alternierende Telearbeit). Teleheimarbeit ist die von zu Hause für die Institution geleistete Tätigkeit, wobei die beauftragende Zentrale lediglich zu bestimmten Terminen und Gelegenheiten aufgesucht wird. Alternierende Telearbeit wird bestimmt durch den regelmäßigen Wechsel des Arbeitsorts; man arbeitet sowohl daheim bzw. unterwegs als auch im Büro. Ein mögliches grundsätzliches Problem ist die soziale Isolation.

TFRGL

Die Abkürzung TFRGL kommt im Buch „Die Rache der Nerds" (2012) vor. Sie steht als Arbeitsbegriff für „technologiefreie Räume, Gegenstände und Lebewesen". Die Idee ist, dass bestimmte Technologien entfernt oder vermieden werden, wie Funkchips in Kleidung und Tieren oder Mobilfunkantennen auf Bergen und Gebäuden, um die Selbstbestimmung zu stärken und die Belastung für Mensch und Umwelt zu reduzieren. Basis sollen dabei wissenschaftliche Erkenntnisse, nicht religiöse oder esoterische Vorlieben sein. Die systematische, sinnhafte Entcomputerisierung ist ein Aspekt der TFRGL. Innerhalb der Informationsethik kann danach gefragt werden, ob wir in der Informationsgesellschaft durch ein Zuviel oder Zuwenig an Optionen in unseren Möglichkeiten und Freiräumen eingeschränkt werden bzw. gesundheitlichen Gefahren ausgesetzt sind.

Theonome Ethik

Die theonome Ethik sieht das moralische Sollen in göttlichen Geboten begründet. Sie ist nicht zur wissenschaftlichen Ethik zu zählen, da sie nicht, wie in dieser gefordert, auf das letzte Wort religiöser Autoritäten verzichtet, ganz im Gegenteil, und sie ethische Methoden allenfalls als Zusatzoption sieht.

Religiöse Ethik bringt sich immer wieder in den Diskurs ein, um theologisches Gedankengut (theologische Ethik) und religiöse Moralvorstellungen durchzusetzen. Paradebeispiele sind Wirtschafts- und Medizinethik, und ihren wissenschaftlichen Vertretern kann vorgeworfen werden, dass sie sich nicht genügend distanzieren.

In der Informationsethik ist der Beitrag der theonomen Ethik irrelevant, nicht nur aus grundsätzlichen Erwägungen heraus, sondern auch weil keine göttlichen Einlassungen zur Informationsgesellschaft und zu Informations- und Kommunikationstechnologien bekannt sind.

Theoretische Robotik

In der theoretischen Robotik werden mathematische, logische und ethische Modelle entwickelt. In der praktischen Robotik strebt man die technische Umsetzung (technische Robotik) für bestimmte Anwendungsgebiete (angewandte Robotik) an. Die theoretische Robotik wird beeinflusst von Science-Fiction-Büchern und -Filmen. Eine besondere Wirkung haben die Robotergesetze („The Three Laws of Robotics") von Isaac Asimov entfaltet, obwohl sie in der Fiktion zu verorten sind, in der Wissenschaft kontrovers diskutiert werden und – was der Schriftsteller selbst gesehen hat – in der Praxis zu Widersprüchen führen. Eine Disziplin, mit der die theoretische Robotik ebenso wie die praktische Robotik eng zusammenarbeiten muss, vor allem mit Blick auf das „Moralisieren" von Maschinen, ist die Maschinenethik.

Therapieroboter

Therapieroboter begleiten therapeutische Maßnahmen oder wenden selbst solche an. Sie sind mit ihrem Aussehen und in ihrer Körperlichkeit präsent, machen Übungen mit Querschnittsgelähmten und unterhalten Demente und fordern sie mit Aufgaben und Spielen heraus. Manche verfügen über mimische, gestische und sprachliche Fähigkeiten und sind in einem bestimmten Umfang lernfähig und intelligent. Vorteile sind Einsparmöglichkeiten und Wiederverwendbarkeit. Nachteile sind eventuelle unerwünschte Resultate der Therapie und mangelnde Akzeptanz bei Patienten respektive Angehörigen.

Wie bei den Pflegerobotern muss man Fragen aufwerfen, die Maschinenethik, Technikethik, Informationsethik und Medizinethik beantworten mögen: Wer trägt die Verantwortung bei einer fehlerhaften Therapie durch die Maschine? Verärgert oder entmutigt diese die Patienten durch eine zu einfache oder zu komplizierte Sprechweise oder durch unverständliche Laute und Sätze? Was ist, wenn durch den Roboter die sozialen Kontakte des Patienten abnehmen? Wie verfährt man mit persönlichen Daten, die gesammelt und ausgewertet werden?

Tierethik

Die Tierethik beschäftigt sich, um eine Wendung von Ursula Wolf zu bemühen, mit dem Tier in der Moral, genauer mit den Pflichten von Menschen gegenüber Tieren und mit den Rechten von Tieren, ferner mit dem Verhältnis zwischen Tieren und teilautonomen oder autonomen intelligenten Systemen, z.B. Agenten und Robotern, und Maschinen aller Art, etwa Mähdreschern und Windkraftanlagen. Sie hat sich, mit Wurzeln in der griechischen und römischen Antike, bei Pythagoras und Empedokles sowie Plutarch, im 18. und 19. Jahrhundert mit Jeremy Bentham und Arthur Schopenhauer allmählich entwickelt und im 20. Jahrhundert als Bereichsethik voll ausgebildet. Anders als bei jeder anderen Bereichsethik steht nicht der Mensch, sondern das Tier als Objekt der Moral im

Vordergrund. Neben Ursula Wolf haben sich u.a. Dieter Birnbacher, Tom Regan („The Case for Animal Rights" von 1983) und Peter Singer („Animal Liberation" von 1975) einen Namen gemacht. Auch der Karl-May-Experte Hans Wollschläger hat den Diskurs befruchtet („Tiere schauen dich an" von 2002).

Ein wichtiges moralisches und ethisches Argument ist die Leidensfähigkeit. Mit dieser kann man eine artgerechte Haltung oder sogar ein Verbot der Nutzung begründen. Nach Bentham ist die Frage nicht, ob Tiere denken oder reden, sondern ob sie leiden können. Darüber hinaus ist die Frage, ob sie leben wollen. Mit dem Lebenswillen (der Pflanzen wohl nicht zukommt) lässt sich unter Umständen ein Verbot des Tötens rechtfertigen. Das Tier wird im Allgemeinen als Objekt der Moral angesehen, nicht aber als Subjekt. Menschenaffen und anderen hochentwickelten Lebewesen gesteht man allenfalls eine Vormoral zu, und es ist unbestritten, dass sie weitgehende soziale Fähigkeiten haben. Zudem ist die menschliche Moral aus einer tierischen Vormoral (wenn man sie so nennen will) hervorgegangen.

Die Tierethik muss ihre Stellung innerhalb der Moralphilosophie und ihr Verhältnis zu den Bereichsethiken bestimmen, die sich dem Tier zuzuwenden beginnen. Die Informationsethik thematisiert vor dem Hintergrund, dass Tiere mit Funkchips versehen, mit Überwachungsgeräten verfolgt und von Maschinen betreut werden, die Rechte und Pflichten von Kreaturen in der Informationsgesellschaft und die Möglichkeiten, Technologien und Systeme tiergerecht zu gestalten. Die Maschinenethik interessiert sich dafür, wie man teilautonome oder autonome Systeme, die in eine Interaktion mit Tieren treten (Tier-Maschine-Interaktion), als moralische Subjekte umsetzen kann. Enge Beziehungen gibt es zur Wirtschaftsethik, mit Blick auf Massentierhaltung und Industrialisierung des Tötens, zudem zu Bio- und Umweltethik (als deren Teilgebiet die Tierethik betrachtet werden kann).

Die Tierethik bekommt neue Impulse durch Tierrechtsbewegungen und vegetarische und vegane Lebensweisen, die immer wieder im Trend liegen oder Kulturen geprägt haben. Dabei muss sie ihre Unabhängigkeit bewahren, ohne in der Beliebigkeit zu versinken. Die politischen Organe kann sie, etwa durch Vertreter einer Ethikkommission, beraten und unterstützen. Im ständigen Dialog ist sie mit der Rechtswissenschaft, beispielsweise in Bezug auf die Frage, ob Tiere lediglich als Sachen oder als fühlende Wesen mit eigenen Interessen und Rechten aufzufassen sind. Mancherorts ist ein Tieranwalt oder Tierschutzbeauftragter tätig, der die Interessen der nichtmenschlichen Kreaturen vertritt und für sie das Wort ergreift. Nicht zuletzt hat die Tierethik sich mit Biologie, Tiermedizin und -psychologie zu verständigen, zudem – über Informations- und Technikethik sowie Maschinenethik als Mittler – mit Ingenieurwissenschaften, Informatik, Wirtschaftsinformatik und Robotik.

Tier-Maschine-Interaktion

Die Mensch-Maschine-Interaktion ist – inklusive der spezielleren Mensch-Computer-Interaktion – eine etablierte Disziplin, die sich mit dem Design, der Evaluation und der Implementierung von Maschinen befasst, die in Interaktion mit Menschen treten. Die Tier-Maschine-Interaktion (engl. „animal-machine interaction") ist die Interaktion von Tier und Maschine über eine entsprechende Schnittstelle. In der im Artikel „Considerations about the Relationship between Animal and Machine Ethics" (2013) erwähnten und in anderen Beiträgen skizzierten Disziplin mit dieser Bezeichnung geht es um Design, Evaluierung und Implementierung von Maschinen, die sich in Interaktion mit Tieren befinden. Ansätze einer spezielleren Tier-Computer-Interaktion (engl. „animal-computer interaction") sind im angelsächsischen Sprachraum bereits vorhanden.

Totalitarismus

Der Totalitarismus entspricht und entsteht aus Formen der Diktatur und zielt auf die Formung des Menschen nach einer bestimmten Ideologie, unter radikalem Ausschluss jedweder Gegenideologie und auch gemäßigter Formen der Wirklichkeitswahrnehmung und -deutung. Charakteristisch sind die Omnipräsenz des Staats und seiner Anhänger und Aufpasser, die uneingeschränkte Verfügung über die Betroffenen und deren völlige Unterwerfung unter ein politisches bzw. wirtschaftliches Ziel.

Eine weitgehende Elektronifizierung und Automatisierung des Privat- und Berufslebens fördert totalitäre Strukturen. Die Arbeit der Geheimdienste und Behörden lässt zunehmend, auch mitten in Europa, an einen Polizeistaat denken, die Gesetzgebung in Bezug auf Datenspeicherung und -auswertung (Vorratsdatenspeicherung) an den Big Brother. Die Omnipräsenz der Informations- und Kommunikationstechnologien ist typisch für Überwachungsstaat und -gesellschaft des 21. Jahrhunderts.

Transhumanismus

Der Transhumanismus ist eine Bewegung, die die selbstbestimmte Weiterentwicklung des Menschen mit Hilfe wissenschaftlicher und technischer Mittel propagiert. Er sieht sich damit in der Tradition des Humanismus – der ihn auch, den Verlust des Menschlichen und den Vorrang des Technischen beklagend, vehement kritisiert – und der Aufklärung.

Eine Möglichkeit ist der Umbau zum Cyborg. Sich etablierende Technologien sind Gehirn-Computer-Kopplung und Gehirntransplantate. Zu den konzeptionellen Technologien ist die „whole brain emulation" (engl.) (auch engl. „mind uploading") zu zählen, eine Vision der Transhumanisten um Ray Kurzweil, sowie der Exocortex, ein künstliches externes Informationsverarbeitungssystem.

Transparenz

Transparenz ist die Nachvollziehbarkeit von Prozessen und die Durchschaubarkeit von Strukturen. Im politischen, medialen und ökonomischen Bereich beinhaltet sie die Offenlegung von Interessen und Abhängigkeiten und die Offenheit der Kommunikation zwischen Akteuren und

Betroffenen. Die Verfügbarkeit von Informationen in einem und über einen Markt ist entscheidend für die Markttransparenz.

Informationstransparenz (im Sinne der Informationsfreiheit) bedeutet etwa die Möglichkeit der Einsicht in Dokumente und Akten, vor allem mit Blick auf die Verwaltungstransparenz. Von Internet- und insgesamt IT-Unternehmen wird, auch aus der Informationsethik heraus, Transparenz in Bezug auf die Bereitstellung und Funktionsweise von Diensten und die Nutzung von Daten gefordert.

Troll

Ein Troll ist in der Informationsgesellschaft ein Benutzer, der durch seine Äußerungen in virtuellen Räumen lediglich provozieren, nicht aber partizipieren bzw. inhaltlich beitragen will. Oft handelt er aus der Anonymität heraus und betreibt Fake-Accounts. Das Trollen (oder Flaming) ist ein Massenphänomen im Internet und Bestandteil von Cybermobbing und -stalking. „Do not feed the troll(s)" (DNFTT) oder „Don't feed the troll(s)" ist die Aufforderung, sich nicht auf die Provokationen einzulassen und das Phänomen dadurch einzudämmen. Im Kommentarbereich von Telepolis, einem traditionsreichen deutschen Onlinemagazin, weisen die Benutzer systematisch auf Trollaktivitäten hin, wobei die Toleranzgrenze recht hoch ist.

Trolley-Problem

Das Trolley-Problem ist ein Gedankenexperiment von Philippa Foot. Eine außer Kontrolle geratene Straßenbahn rast auf fünf Personen zu. Sie kann auf ein anderes Gleis umgeleitet werden, auf dem sich ein weiterer Mensch befindet. Die moralische Frage ist, ob der Tod dieses Menschen in Kauf genommen werden darf, um das Leben der fünf Personen zu retten. Eine Erweiterung von Judith Jarvis Thomson ist das Fetter-Mann-Problem. Ein korpulenter Mann wird auf das Gleis gestoßen, damit die Straßenbahn zum Stehen kommt. Der Tod eines Menschen wird so nicht nur in Kauf genommen, sondern bewusst herbeigeführt. Das Trolley-Problem kann innerhalb der Maschinenethik auf selbstständig fahrende Autos übertragen werden (Roboterauto-Problem).

Turing-Test

Beim Turing-Test ist ein menschlicher Fragesteller mit einer Maschine und einem Menschen in einem anderen Raum oder hinter einem Vorhang verbunden. Wenn er durch seine Fragen nicht herausfinden kann, wer die Maschine ist, hat diese den Test bestanden und scheinbar ein Denkvermögen vorzuweisen, das dem menschlichen vergleichbar ist, oder zumindest ein solches erfolgreich imitiert.

Der Logiker, Mathematiker und Informatiker Alan M. Turing hat die fiktive Konstellation in seinem Artikel „Computing Machinery and Intelligence" (1950) vorgestellt. Er ging aus von dem bekannten Imitationsspiel (engl. „imitation game"), bei dem man das Geschlecht zweier unbekannter Kommunikationspartner, Mann und Frau, ohne Sicht- und Hörkontakt herausfinden muss.

Der Turing-Test ist für die Maschinenethik von Relevanz, insofern bei teilautonomen und autonomen Systemen das Denkvermögen der Moralfähigkeit vorausgeht und die Moral der Maschinen als Simulation oder Imitation gedeutet werden kann.

Ubiquitous Computing

Ubiquitous Computing ist die Allgegenwärtigkeit der Informationsverarbeitung. Informations- und Kommunikationstechnologien werden in beliebige Gegenstände integriert. Die so entstandenen „denkenden Dinge" können ihre Umwelt erfassen, sich austauschen oder Kontakt zu einem zentralen Rechner aufnehmen. Ein verwandter Begriff ist Pervasive Computing. In gewisser Weise ist Ubiquitous Computing das Gegenteil von Virtueller Realität: Es wird keine virtuelle Welt erschaffen, in die der reale Mensch eintaucht, sondern die reale Welt wird mit Virtualität durchtränkt.

Überwachung

Unter den Begriff der Überwachung fällt die zielgerichtete Beobachtung von Zuständen, Objekten und Personen ebenso wie die Erhebung von Daten in Bezug auf Personen und Situationen. Überwachung findet auf der Straße statt, in Gebäuden und Verkehrsmitteln, im Intra- und Internet, über Kameras und Mikrofone, über Tracking- und Monitoringsoftware, mit Hilfe von Bild- und Gesichtserkennung.

Wenn der Staat seine Bürger observiert, wird er zum Überwachungsstaat und zum Big Brother à la George Orwell („1984"). Wenn man andere ausspioniert, in sozialen Netzwerken oder mit Hilfe von Überwachungssoftware, ist man ein aktives Mitglied der Überwachungsgesellschaft, was an Aldous Huxleys „Brave New World" denken lässt.

Überwachung im Sinne von Monitoring kann auch ein selbstständiges Leben unterstützen, wenn man als Alter oder Kranker dank medizinischer Assistenzgeräte bzw. geeigneter Wearables und im Kontext von Quantified Self weiter zu Hause wohnen kann. Die Informationsethik fokussiert in diesem Kontext auf elektronische Überwachung und widmet sich u.a. der informationellen und persönlichen Autonomie; zudem stellt sie den Überwachungsimperativ in Frage.

Überwachungsimperativ

Nach Rainer Kuhlen ist der Überwachungsimperativ das in elektronischen Umgebungen in Anspruch genommene Recht, Daten von Kunden und Benutzern erheben und im Interesse des Marketings auswerten zu dürfen. An Daten sind nicht nur IT-Unternehmen interessiert, sondern auch z.B. Detailhandel (Kundenkarten) und Produktionsbetriebe (Industrie 4.0), wobei es nicht nur um Marketingaktivitäten geht, sondern auch um Produktverbesserung.

Umweltethik

Die Umweltethik bezieht sich auf moralische Fragen beim Umgang mit der belebten und unbelebten Umwelt des Menschen. Im engeren Sinne verstanden, beschäftigt sie sich in moralischer Hinsicht mit dem Verhalten – sowohl von Personen als auch von Unternehmen – gegenüber natürlichen Dingen und dem Verbrauch von natürlichen Ressourcen. Im weiteren Sinne umfasst sie auch Tierethik und (sofern man eine solche zulassen will) Pflanzenethik.

Zu den zentralen Fragen der Umweltethik gehört, welche Dinge bzw. Lebewesen einen Wert oder Rechte im moralischen Sinne haben. Üblicherweise gesteht man Tieren durchaus Rechte zu, im Gegensatz zu Pflanzen, Bergen und Seen. Ob diese einen Eigenwert haben, ist umstritten, und man hält sie meist lediglich mit Blick auf den Menschen für schützenswert. Einen solchen Anthropozentrismus kritisierend, bezieht der Physiozentrismus auch Pflanzen (Biozentrismus) oder Berge und Seen ein (Holismus), mit der Gefahr, esoterisch zu wirken. Mit dem Schutz von Arten und Ökosystemen beschäftigen sich Tier- und Pflanzenethik sowie Umweltethik im engeren Sinne.

Die Umweltethik hat Verbindungen mit Umwelt- und Naturschutz. Sie versteht sich als ökologische Ethik und setzt sich in ihrer normativen Ausprägung für den Erhalt von Tieren und Pflanzen bzw. deren Arten und eine Schonung von Ressourcen ein. Wenn sie Unternehmen thematisiert, ist zusätzlich die Wirtschaftsethik gefragt. Wenn sie nicht nur Menschen und Betriebe als moralische Subjekte begreift, die auf die Umwelt einwirken und sie verändern, sondern auch Maschinen, muss sie sich mit der Maschinenethik verständigen, wenn sie nicht nur die natürliche Umwelt meint, sondern auch Artefakte wie Fahrzeuge und Roboter, mit Technik- bzw. Roboterethik. Bei der Gentechnik sind je nach Ausprägung verschiedene Bereichsethiken relevant.

Uncanny Valley

Je mehr ein Avatar oder ein Roboter durch sein Aussehen verspricht, desto perfekter muss er umgesetzt sein, damit er nicht unheimlich wirkt und ins Uncanny Valley gerät, ins unheimliche Tal. Die meisten humanoiden Roboter, die hergestellt werden, kommen aus diesem nicht heraus. Gegenwärtig erhalten allenfalls Avatare, die sich von Menschen nicht mehr unterscheiden lassen, die notwendige Akzeptanz und das notwendige Vertrauen. Die meisten tierähnlichen Roboter geraten erst gar nicht in das Tal hinein, da sie kaum Erwartungen wecken. Der Effekt, der von Masahiro Mori in den 1970er-Jahren entdeckt wurde, kann auch auf die Emotionen und die Moral der Maschinen übertragen werden. Insofern hat er mit der Maschinenethik zu tun.

Unternehmensethik

Die Unternehmensethik ist ein Teilbereich der Wirtschaftsethik und ein Hauptgebiet der Institutionenethik. Sie widmet sich moralischen Problemen, die sich innerhalb von oder durch Unternehmen ergeben, und fragt nach der Verantwortung, die diese gegenüber Mitarbeitern, Kunden und Umwelt tragen. Sind IT-Unternehmen bzw. Benutzer betroffen, bestehen Überschneidungen mit der Informationsethik.

Urheberrecht

Das Urheberrecht ist die Gesamtheit der Gesetze und Bestimmungen, die ein individuelles geistiges Werk aus Wissenschaft, Literatur oder Kunst vor unbefugtem Zugriff bewahren sollen. Der Forscher, Autor oder Künstler genießt mit der Erstellung eines Textes oder Bildes das subjektive Urheberrecht, das seine geistigen und persönlichen Interessen schützt und ihm ausschließliche Verwertungsrechte gibt. Er kann anderen Nutzungsrechte einräumen, z.B. einem Verlag das Vervielfältigungs- und Verbreitungsrecht für ein Buch. In Deutschland existiert das „Gesetz über Urheberrecht und verwandte Schutzrechte (Urheberrechtsgesetz)". Das angelsächsische Copyright betont eher den Nutzen für die (am Werk interessierte) Gesellschaft als für das (das Werk schaffende) Individuum.

In der Informationsgesellschaft und im Internet gilt das Urheberrecht in gleicher Weise, wobei international gesehen Varianten auftreten; im Zuge eines regen elektronischen Publizierens und der Leichtigkeit, Werke zu kopieren und weiterzuverbreiten, wird das Urheberrecht aber in vielen Fällen verletzt. Betroffen sind Bücher, Artikel, Musikstücke und insgesamt alle Werke, die digitalisiert werden können. Die Piratenpartei setzt sich für eine Anpassung des Urheberrechts an die Realität des Informationszeitalters ein.

Utopie

Eine Utopie beschreibt eine politische, wirtschaftliche, technische oder religiöse Entwicklung bzw. Ordnung, die von der gegebenen Wirklichkeit weit entfernt sein kann. Die Figuren und Handlungen werden oft, nach den Bedeutungen der griechischen Bestandteile des Worts („ou": „nicht", „tópos": „Ort"), in einem zeitlichen und räumlichen Nirgendwo angesiedelt. „Utopia" ist der Titel eines 1516 erschienenen Buchs des Humanisten Thomas Morus, in dem ein idealer republikanischer Staat entworfen wird. Eine Utopie von Ray Kurzweil im Kontext des Transhumanismus beinhaltet das Transferieren des Bewusstseins in digitale Speicher. Die

Frage, ob es sich dabei um eine negative (Dystopie) oder positive Utopie (Eutopie) handelt, kann innerhalb der Informationsethik unterschiedlich beantwortet werden.

Verantwortung

Verantwortung kann nach Otfried Höffe eingeteilt werden in Primärverantwortung (die man trägt), Sekundärverantwortung (zu der man gezogen wird) und Tertiärverantwortung (zu der man gezogen wird und die mit einer Haftung bzw. Strafe verbunden ist). Mit der Primär- und Sekundärverantwortung wird der Mensch als Subjekt der Moral sichtbar, mit der Tertiärverantwortung auch als Subjekt von Recht und Ordnung. Voraussetzung ist die Primärverantwortung, die lediglich (mündigen, urteilsfähigen) Personen zukommt. Eine Wiedergutmachung im Rahmen der Haftung ist in der Informationsgesellschaft besonders schwierig, etwa wenn sich Falschbehauptungen im virtuellen Raum verbreitet und verselbstständigt haben; dieses Problem wird in der Informationsethik behandelt.

Verbraucherzentrale

Verbraucherzentralen bieten Beratung und Informationen zu Fragen des Verbraucherschutzes, helfen bei rechtlichen Problemen und vertreten die Interessen der Kunden und Konsumenten. Sie sind nach eigener Aussage unabhängig, überwiegend öffentlich finanziert und gemeinnützig.

In jedem Bundesland existiert eine Verbraucherzentrale, die im besten Fall im Interesse der Verbraucher agiert. Diese wenden sich an eine der bundesweit rund 200 Beratungsstellen, in der Regel in dem Bundesland, in dem sie wohnen. Die Dachorganisation „Verbraucherzentrale Bundesverband" vertritt die Interessen der Verbraucher gegenüber Politik, Wirtschaft und Gesellschaft auf Bundesebene. In Österreich und in der Schweiz existieren Einrichtungen, die sich für die Konsumenteninformation bzw. den -schutz engagieren.

Die Verbraucherzentralen wollen hinsichtlich des Konsums der Verbraucher informieren, beraten und unterstützen, einen Überblick über das womöglich unübersichtliche Angebot und Einsicht in komplexe Marktbedingungen geben. Im Fokus stehen Gesundheits- oder Umweltaspekte und allgemein, wenn auch eher implizit, Fragen der Wirtschaftsethik; so sind falsche Versprechen aus Gewinnspielen ebenso im Visier wie die neuesten Wunderdiäten. Eine Rolle spielt dabei nicht nur die Produzentenethik im weitesten Sinne, sondern auch die Konsumentenethik, insofern der Konsument gegenüber sich selbst, der Umwelt und in Bezug auf Unternehmen eine Verantwortung tragen soll, die Aufklärung und Mündigkeit entspringt. Nicht immer werden Probleme von den Verbraucherzentralen rechtzeitig erkannt und frühzeitig angegangen.

Verschlüsselung

Verschlüsselung wird eingesetzt, um Informationen zu schützen, zu verbergen oder geheim übermitteln zu können. Man wendet vor allem kryptografische Verfahren an. Verschlüsselung ist im E-Mail-Verkehr von Bedeutung, ebenso bei Cloud Computing, wo sie auf Benutzerseite vorgenommen werden sollte, also bevor sich die Daten auf den Weg zu den Servern machen. Die digitale Signatur ist ein asymmetrisches Kryptosystem. Es braucht einen öffentlichen und einen privaten Schlüssel.

Vertrauen

Vertrauen dient nach Rainer Kuhlen der Kompensation von Unsicherheit beim Umgang mit sozialen und technischen Systemen. Sogenannte Trust Centers sollen in Kommunikationsnetzwerken die Identität von Kommunikationspartnern bescheinigen und damit als vertrauenswürdige dritte Instanz (Trusted Third Party) fungieren. Seit den 1990er-Jahren hat es immer wieder Anläufe gegeben, solche Einrichtungen zu etablieren.

Dass man zu Robotern Vertrauen hat, ist ein Anliegen bestimmter Bereiche der Robotik. Ihre Vertrauenswürdigkeit hängt nicht zuletzt von ihrer

Gestaltung ab, ihrer Mimik und Gestik und insgesamt ihrer Fähigkeit, Emotionen auszudrücken. Das Uncanny Valley ist ein Problem in diesem Zusammenhang.

Virales Marketing

Virales Marketing ist eine Form von Marketing, bei der sich textuelle oder visuelle Inhalte, die oft nicht als Werbung wahrgenommen werden, in viraler Weise verbreiten, also schnell und unaufhaltsam wie ein Virus. Es kann der Manipulation dienen, unterhaltend, faszinierend, schockierend sein. Beispiele sind Filme mit unterschwelligen Botschaften, die weitergeschickt und eingebunden werden, und produkt- und markenbezogene Bilder, die über soziale Medien gestreut werden.

Virtualität

Der Begriff der Virtualität ist ebenso vieldeutig wie unklar. Oft ist damit einfach gemeint, dass etwas auf einer elektronischen Basis stattfindet. In diesem Sinne stellen Informations- und Kommunikationstechnologien und Informationssysteme – vom einfachen Chat bis hin zu komplexen 3D-Welten – virtuelle Räume bereit.

Virtualität wird zudem so verstanden, dass etwas unwirklich, ja nicht vorhanden bzw. ein bloßes Abbild der Realität ist. Bei der Umsetzung einer solchen Virtualität kann auf elektronische Medien zurückgegriffen werden, wie im Falle der Virtuellen Realität.

Virtualität kann weiter eine Organisationsform bezeichnen, die auf dem Flüchtigen, Vorübergehenden oder dem Verzicht einer organisatorischen und räumlichen Einheit beruht. In diesem Sinne spricht man von virtuellen Unternehmen. Elektronische Hilfsmittel können, müssen aber nicht zur Bildung dieser Netzwerke beitragen.

Virtuelle Realität

Unter Virtueller Realität (Virtual Reality) versteht man die (meist dreidimensionale) Computersimulation von Objekten (Personen, Lebewesen und Gegenständen) und Räumen und damit zusammenhängenden Prozessen. Einer ihrer Pioniere ist Jaron Lanier, der auch für die Informationsethik von Bedeutung ist, nicht zuletzt wegen seines Buchs „You Are Not A Gadget" (2011), dt. „Gadget" (2012). Abgebildet werden Objekte und Räume der Realität oder aber eines gedachten, also fiktionalen – in irgendeiner Form lebensechten – Seins. Aus Sicht der Informationsethik ist interessant, ob sich eine spezielle Moral in der bzw. der Virtuellen Realität ausbildet und ob Virtuelle Realität die Moral (in) der Informationsgesellschaft beeinflusst.

Virtuelle Universität

Virtuelle Universitäten sind Hochschulen bzw. Zusammenschlüsse von akademischen Aus- und Weiterbildungseinrichtungen, die ihren Lehrbetrieb teilweise oder ganz computer- und vor allem internetbasiert abwickeln. Sie sind nicht nur für normale Studiengänge interessant, sondern auch für die wissenschaftliche Weiterbildung. Im Bereich der Ethik bestehen oder bestanden diverse Angebote, auch in Form von MOOCs, z.B. „Practical Ethics" von Peter Singer (Princeton University) oder „Technology and Ethics" von Robert Bailey (The Ohio State University).

Vorratsdatenspeicherung

Vorratsdatenspeicherung ist die vorsorglich und angeblich fürsorglich erfolgende Speicherung personenbezogener Daten durch oder im Auftrag von Behörden. Es geht u.a. um Verbindungsdaten im Rahmen der Telekommunikation. Kritiker fürchten, dass Bürger und Bürgerinnen unter Generalverdacht gestellt, persönliche Daten missbraucht und informationelle Autonomie und Privatsphäre beschädigt werden.

Voting

Votings sind Abstimmungsmöglichkeiten in virtuellen Umgebungen, vor allem im Sinne von Onlineumfragen, oder in realen Umgebungen, in Präsenzlehre und -unterricht. Jeder Teilnehmer gibt seine Stimme ab oder beantwortet Fragen; das Ergebnis wird in aller Regel umgehend angezeigt, in (Prozent-)Zahlen oder in Form eines anschaulichen Diagramms. I-Votings sind Internetwahlen, zu finden in der E-Demokratie.

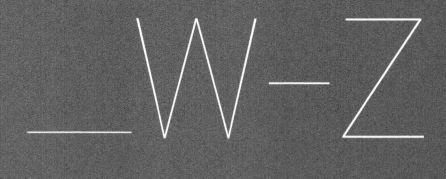

Wearables

Wearables sind Computertechnologien, die man am Körper oder am Kopf trägt. Sie sind eine Konkretisierung des Ubiquitous Computing, der Allgegenwart der Datenverarbeitung, und ein Teil des Internets der Dinge. Man spricht auch von Wearable Technology und vom Wearable Computer. Sinn und Zweck ist meist die Unterstützung einer Tätigkeit in der realen Welt, durch (Zusatz-)Informationen, Auswertungen und Anweisungen. Wearable Computing ist das entsprechende Gebiet, mit dem sich die gleichnamige Disziplin der Informatik zusammen mit der Mensch-Maschine-Interaktion befasst. Elektrotechnik, Designtheorie und Künstliche Intelligenz leisten ebenfalls ihren Beitrag. Wesentlich für Wearables sind eine hochentwickelte Sensorik, eine permanente Verarbeitung von Daten und ein akuter Support des Benutzers.

Beispiele für Technologien sind intelligente Armbänder (wie Fitness Tracker), spezielle Kleidungsstücke mit Zusatzfunktionen, Smartwatches und Datenbrillen. Einige davon sind im Kontext des „Quantified Self" zu sehen. Dieser Begriff steht für Self-Tracking-Lösungen, vor allem im sportlichen und medizinischen Bereich, und eine damit verbundene Bewegung. Es werden Daten des Körpers zusammen mit anderen Daten (Zeit, Raum, Konkurrenz etc.) erfasst, analysiert und dokumentiert sowie teilweise – etwa über Streamingdienste und über Erfahrungsberichte – mit anderen geteilt. Manche Werkzeuge beherrschen Augmented Reality. Wearables können ein Mittel für das sogenannte Human Enhancement sein.

Weblog

Weblogs (kurz „Blogs") sind mehr oder weniger persönliche Log- bzw. Tagebücher in webbasierten Umgebungen. Die Blogger verlinken auf Ressourcen, Websites und andere Weblogs und beschreiben und kommentieren diese für potenziell viele Benutzer, die die Referenzen, Beschreibungen und Kommentare ihrerseits kommentieren. Es entstehen „logs of the web" (engl.), wie bei den ersten Linksammlungen von Tim Berners-Lee in der ersten Hälfte der 1990er (der Begriff „Weblog" kam dann um 1997 auf). Längst reflektieren die Autoren auch sich selbst, ihre Umwelt und die Welt, und viele Weblogs werden zum bloßen „log in the web" (engl.). Der Gegenstand wird von der subjektiven Meinung der Blogger bestimmt und von ihnen kontrolliert. Es werden regelmäßig neue Beiträge gepostet, mit Datum versehen und zeitlich geordnet, sodass der jüngste ganz oben steht. Ältere Postings wandern in ein meist offen einsehbares Archiv. Die Informationsethik thematisiert (zusammen mit der Medienethik) die Kommentare in Blogs, unter den Gesichtspunkten des Cyberstalkings und des Cybermobbings, und (zusammen mit Politik- und Wirtschaftsethik) die Manipulation von Meinungen und Verhaltensweisen durch eingekaufte Postings.

Web 2.0

„Web 2.0", ein ebenso beliebter wie unscharfer Begriff, steht für interaktive und kollaborative Anwendungen des World Wide Web. Inhalte werden nicht mehr nur „von oben", von Kommunikationsabteilungen, Medien und Verlagen, verbreitet, sondern auch „von unten", insbesondere durch private Benutzer („User-generated Content"). Dies geschieht nicht nur über eigene Homepages und Websites, sondern vor allem über soziale Medien, etwa Wikis, Weblogs, Foto- und Videoportale sowie soziale Netzwerke. Manche der Dienste waren bereits in der Mitte der 1990er-Jahre oder noch früher bekannt; eine massenhafte Verbreitung fand aber erst ab ca. 2004 statt.

Whistleblowing

Beim Whistleblowing (engl. „to blow the whistle": „etwas aufdecken", „jemanden verpfeifen") werden Hinweise auf Missstände und Verfehlungen in Unternehmen, Hochschulen, Verwaltungen etc. gegeben. Der Whistleblower ist meist ein (etablierter oder ehemaliger) Mitarbeiter oder ein Kunde und berichtet aus eigener Erfahrung. Er informiert Mittler und Medien oder direkt die Öffentlichkeit. Dabei riskiert er Stelle, Karriere und Ruf und muss mit Disziplinarmaßnahmen rechnen; insofern ist Whistleblowing mit Zivilcourage verbunden.

Damit man von Whistleblowing sprechen kann, müssen verschiedene Kriterien erfüllt sein: Es handelt sich um Missstände von erheblicher Tragweite, also nicht nur um persönliche Umstände des Whistleblowers, sondern um Vorfälle von allgemeinem Interesse; es wird etwas aufgedeckt und enthüllt und letzten Endes die Öffentlichkeit oder in Ausnahmefällen der Verantwortliche respektive Arbeitgeber informiert, woraufhin entsprechende Maßnahmen eingeleitet werden können. Die Motive sind häufig rechtlicher oder moralischer Art oder beziehen sich auf die Reputation des Informanten.

Elektronische Whistleblowing-Plattformen dienen dazu, relevante Informationen zu publizieren. Sie stehen Bürgerrechtsbewegungen oder Hackergruppen nahe bzw. werden von Medien initiiert und unterhalten. Auch Beispiele für staatliche Whistleblowing-Plattformen liegen vor. Eine spezielle Form sind Whistleblowing-Plattformen in den Organisationen selbst; sie können ein Teil des Compliance- und Reputationsmanagements sein und dazu beitragen, dass Missstände intern bekannt gemacht und rasch beseitigt werden.

Whistleblowing wird einerseits kritisiert und attackiert, andererseits begrüßt und gefördert. Netzwerke und Vereine setzen sich für Whistleblower und ihre Zusammenarbeit ein, Preise führen zu einer öffentlichen Anerkennung und Aufwertung. Whistleblowing ist Gegenstand mehrerer Bereichsethiken, etwa von Wissenschafts-, Verwaltungs-, Wirtschafts- und Informationsethik. Zudem versucht die Politik dem Phänomen zu begegnen, mit ergänzenden Regelungen oder eigenständigen Gesetzen.

Wiki

Wikis entstanden um 1995 nach Ideen der „Entwurfsmuster"-Theoretiker, die Konzepte des Wissensmanagements erfinden und ausprobieren wollten. Die Grundidee indes stammt wohl von Tim Berners-Lee, der eine Zeitlang erwog, das World Wide Web – das er vor allem für Zwecke des Wissensmanagements und der Wissenschaftskommunikation vorsah – in diesem offenen Sinne umzusetzen. Ein Wiki (auch „WikiWiki" und „Wiki-Web") ist nämlich eine Website, bei der angemeldete oder anonyme Benutzer Lese- und Schreibrechte haben, wie bei Brettern oder Wänden, auf die man etwas malt oder pinnt. Beiträge können von allen erstellt, verändert und gelöscht werden. Dies geht einfach – u.a. über Eingabefenster und Uploadmöglichkeiten – und schnell, eben (nach dem hawaiianischen Wort) „wikiwiki".

Verlinkt wird auf andere Websites, Weblogs und Wikis, und viele Wikis sind auch in sich stark verlinkt. Die internen Links verweisen auf gegebene oder noch zu erstellende Beiträge und strukturieren das vorhandene und sich bildende Wissen. Es gibt beliebige Zielsetzungen und Themen, die durch die Zusammenarbeit der Autoren intersubjektiv angegangen werden. Unsicher scheint dabei alles zu sein, die Qualität, die Konsistenz und der Bestand des Beitrags. Protokolle helfen bei der Nachverfolgung von Destruktion und Konstruktion und der Wiederherstellung früherer Versionen.

Wikipedia

Wikipedia ist ein angewandtes Wiki mit dem Zweck der gemeinsamen Erstellung und weltweiten Zurverfügungstellung einer Onlineenzyklopädie. Entstehen sollen möglichst viele Artikel in möglichst vielen Sprachen. Es handelt sich um ein ambitioniertes, facettenreiches Projekt. Problematisch ist, dass der rote Faden fehlt, der gemeinsame Hintergrund, die Abstimmung der Begriffe. Dies liegt an den Produktionsbedingungen und an der enormen Masse der Beitragenden bzw. ihrer zweifelhaften Schwarmintelligenz. Teilweise kann das Forum im Wiki diesen Mangel beseitigen und die Qualität verbessern helfen. Immer wieder kommt es zu Machtkämpfen und überhaupt zur Machtausübung, etwa durch Revenge

Editing. Auch dies kann im Forum nachverfolgt werden, zudem über eine Analyse der IP-Adressen und der Aktivitäten in der Versionsgeschichte.

Wirtschaftsethik

Die Wirtschaftsethik hat die Moral (in) der Wirtschaft zum Gegenstand. Dabei ist der Mensch im Blick, der wirtschaftliche Interessen hat, der produziert, handelt, führt und ausführt (verschiedene Formen der Individualethik) sowie konsumiert (Konsumentenethik), und das Unternehmen, das Verantwortung gegenüber Mitarbeitern, Kunden und Umwelt trägt (Unternehmensethik als Hauptgebiet der Institutionenethik). Zudem interessieren die moralischen Implikationen von Wirtschaftsprozessen und -systemen sowie von Globalisierung und Monopolisierung (Ordnungsethik). In der Informationsgesellschaft ist die Wirtschaftsethik eng mit der Informationsethik verzahnt.

Wirtschaftsinformatik

Wirtschaftsinformatik ist die Wissenschaft von Entwurf, Entwicklung und Einsatz betrieblicher und kommerzieller Informations- und Kommunikationssysteme und verbindet Informatik und Betriebswirtschaftslehre. Galt früher vor allem die Beschäftigung mit ERP-Systemen als typisch für Wirtschaftsinformatiker, traten später faktisch Aktivitäten rund um E-Business und E-Commerce dazu. Inzwischen ist der Gegenstandsbereich der Disziplin sehr groß geworden. Im Beitrag „Die Moral der Informationsgesellschaft" (2014) wird vorgeschlagen, innerhalb der Wirtschaftsinformatik einen Forschungsbereich für Informationsethik zu schaffen. Lehre in Informationsethik findet auch innerhalb von Informatik und Wirtschaftsinformatik statt.

Wissen

Wissen ist im Vergleich zu Informationen eher statisch (z.B. als persönliche Erfahrung oder als Text in einem Buch). Es besteht aus wahren oder für wahr gehaltenen Aussagen, aber auch aus bestimmten Bildern und Tönen. Es gibt „falsches Wissen", wobei es in dem Moment, wo man erkennt, dass es falsch ist, kein Wissen mehr ist. Zu unserem Wissensschatz gehört, dass die Erde rund ist, durch die Evolution die heutigen Tiere und der Mensch entstanden sind und Penicilline gegen bakterielle Krankheitserreger wirken (es sei denn, es haben sich Resistenzen entwickelt). Die wahren und für wahr gehaltenen Aussagen des Wissens sind auf eine eindeutige und verständliche Sprache ebenso angewiesen wie auf eine angemessene textliche und grafische Darstellung. Orte des Wissens sind Bibliotheken, Archive und Hochschulen. Wissenschaft entwickelt und hinterfragt Wissen.

Wissenschaft

Wissenschaft ist Forschung und Lehre zur Gewinnung und Verbreitung von Wissen. Ethik ist eine Wissenschaft, wenn sie als solche betrieben wird, wenn sie bei der Untersuchung ihres Gegenstands, also der Moral, definiert, strukturiert, systematisiert und analysiert, ethische Begründungen unter Verwendung wissenschaftlicher Methoden liefert und moralische Begründungen kritisch reflektiert und integriert. Dass Ethik eine Wissenschaft ist, betont Annemarie Pieper und bestreitet, sie zitierend, Peter Fischer. Philosophische Ethik kann Wissenschaft sein (und ist es in der Regel), theonome oder theologische kaum.

In Deutschland haben die Massenmedien traditionell eine große Nähe zu den Kirchen und machen sich mit der religiösen Sache gemein. Dies sieht man in grundsätzlicher Hinsicht an der Berichterstattung der öffentlich-rechtlichen Sender und der überregionalen Tages- und Wochenzeitungen, mit Bezug zur Ethik an den Talkshows und Interviews, wo oft nicht Philosophen, sondern Theologen zu Wort kommen. Die Medienethik muss diesen Zustand kritisch beleuchten und die Wissenschaftsferne der Medien diskutieren.

Hochschulen verstärken die Verwirrung, indem sie Zentren und Institute mit Ethikern aller Couleur bestücken, ohne die Wissenschaftlichkeit zum Maßstab zu machen, und Moraltheologie nicht durch Moralphilosophie ersetzen. Forscher grenzen sich nicht genügend ab oder gehen aus finanziellen Gründen sogar – zahlreiche Stiftungen und Geldgeber im Bereich der Ethik entstammen kirchlichen Kreisen – enge Kooperationen ein.

Die Länder fördern die religiöse Ausrichtung, indem sie, teils ihren Schulgesetzen folgend, tendenziösen Religionsunterricht anbieten, in dem sogar rituelle Handlungen stattfinden. Auch Ethikunterricht wird häufig, durchaus mit Absicht oder zusammenhängend mit dem Mangel an Fachkräften, spirituell ausgerichtet. Alles in allem findet die Ethik als Wissenschaft zu wenig Gehör und dominiert eine ideologische Perspektive, was die Metaethik erörtern kann.

Wissensmanagement

Wissensmanagement, entstanden Mitte der 1990er-Jahre, unterstützt die Generierung, Verbreitung, Bewahrung und Verwertung von Informationen und Wissen. Besonders wichtig ist es, implizites Wissen explizit zu machen, also z.B. Erfahrungswissen in dokumentiertes Wissen zu überführen. Nichts scheint besser zu sein als eine persönliche Einweisung, aber oft treffen Vorgänger und Nachfolger nicht direkt zusammen. Zudem hat die Organisation ein berechtigtes Interesse daran, dass Kompetenzen und Prozesse in Text, Bild oder Ton beschrieben werden.

Grundlage für Wissensmanagement ist eine technologische Infrastruktur. Zusätzlich können Kaffeeküchen eingerichtet und Betriebsausflüge oder Open Spaces durchgeführt werden. Für die mediale Weitergabe von Wissen bieten sich u.a. Weblogs, Wikis und Podcasts an. Microblogs entwickeln ihre Stärken beim Transfer von Wissen in die Öffentlichkeit und innerhalb von Fachkreisen. Storytelling ist eine Methode, die sich für kulturelle und moralische Fragen eignet und mit der man unternehmerische und betriebliche Dilemmata darstellen kann.

World Wide Web

Das World Wide Web – auch kurz WWW oder Web genannt – ist ein Internetdienst, der Multimedia- und Hyperlinktechnik kombiniert und eine grafische Benutzeroberfläche ermöglicht. Das Web wurde 1989 vom damaligen CERN-Mitarbeiter Tim Berners-Lee konzipiert und ab 1990 umgesetzt und hat wesentlich zum Erfolg des Internets – das von vielen fälschlicherweise mit dem WWW gleichgesetzt wird – beigetragen.

Wutbürger

Der Wutbürger ist ein Bürger, der berechtigte oder unberechtigte Wut in sich herumträgt und diese gerne auf der Straße oder im Internet zum Ausdruck bringt. In Foren, Chats oder in Kommentarbereichen ist er häufig anonym unterwegs, einen Shitstorm verursachend oder verstärkend. Seine Wut, ob er den Grund dafür benennen kann oder nicht, richtet sich gegen Personen, Organisationen oder die Welt an sich, selten aber gegen sich selbst. Als Wüterich ist er an Zerstörung interessiert, wobei diese auch die Möglichkeit zu einem Wiederaufbau in sich trägt. In der Empörungsgesellschaft fühlt er sich wohl.

Zertifizierung

Der Begriff der Zertifizierung bedeutet Beglaubigung oder Bescheinigung. Zertifikate können sich auf Unternehmen, Hochschulen, Produkte, Maßnahmen und Personen beziehen. Zertifizierungen spielen in der Mensch-Computer-Interaktion eine wichtige Rolle. Auch im Bereich der Ethik gibt es sie, wobei sie häufig auf wirtschaftliche Interessen des Zertifizierenden und des Zertifizierten zurückzuführen sind.

Literaturverzeichnis

Anderson, Michael; Anderson, Susan Leigh (Hrsg.). Machine Ethics. Cambridge University Press, Cambridge 2011.

Bendel, Oliver. Einfache moralische Maschinen: Vom Design zur Konzeption. In: Barton, Thomas; Erdlenbruch, Burkhard; Herrmann, Frank et al. (Hrsg.). Prozesse, Technologie, Anwendungen, Systeme und Management 2015. Tagungsband zur 28. AKWI-Jahrestagung vom 06.09.2015 bis 09.09.2015 an der Hochschule Luzern – Wirtschaft. mana-Buch, Heide 2015. S. 171 – 180..

Bendel, Oliver. Wenn ein Chatbot zum Lügenbot wird. In: ICTkommunikation (Online-Ausgabe), 24. Juli 2015. Über http://ictk.ch/content/wenn-ein-chatbot-zum-l%C3%BCgenbot-wird.

Bendel, Oliver. Die Parkbucht des Karneades: Viereinhalb Dilemmata der Robotik. In: inside-it.ch, 17. März 2015. Über http://www.inside-it.ch/articles/39531.

Bendel, Oliver. Roboselfies: Wie Roboter von Selfies profitieren. In: Telepolis, 1. Februar 2015. Über http://www.heise.de/tp/artikel/43/43793/1.html.

Bendel, Oliver. Die Moral der Informationsgesellschaft: Für eine Renaissance der Informationsethik und eine Stärkung der Technologiefolgenabschätzung. In: Bellucci, Sergio; Bröchler, Stephan; Decker, Michael et al. (Hrsg.). Technikfolgenabschätzung im politischen System: Zwischen Konfliktbewältigung und Technologiegestaltung. Reihe Gesellschaft – Technik – Umwelt. Edition Sigma, Berlin 2014. S. 109 – 120.

Bendel, Oliver. Informationsethik. In: Kurbel, Karl; Becker, Jörg; Gronau, Norbert et al. (Hrsg.). Enzyklopädie der Wirtschaftsinformatik. 8. Aufl. Über http://www.enzyklopaedie-der-wirtschaftsinformatik.de. Oldenbourg, München 2014.

Bendel, Oliver. Virtuelle Universität. In: Kurbel, Karl; Becker, Jörg; Gronau, Norbert et al. (Hrsg.). Enzyklopädie der Wirtschaftsinformatik. 8. Aufl. Über http://www.enzyklopaedie-der-wirtschaftsinformatik.de. Oldenbourg, München 2014.

Bendel, Oliver. Die Medizinethik in der Informationsgesellschaft: Überlegungen zur Stellung der Informationsethik. In: Informatik-Spektrum, 6 (2013) 36. S. 530 – 535.

Bendel, Oliver. Sinnhafte Entcomputerisierung: Bereicherung durch weniger Automation. In: zfo, 1/2013. S. 64 – 66.

Bendel, Oliver. Buridans Robot: Überlegungen zu maschinellen Dilemmata. In: Telepolis, 20. November 2013. Über http://www.heise.de/tp/artikel/40/40328/1.html.

Bendel, Oliver. Considerations about the Relationship between Animal and Machine Ethics. In: AI & SOCIETY, Dezember 2013 („Online-First"-Artikel auf SpringerLink).

Bendel, Oliver. Die Rache der Nerds. UVK/UTB, Konstanz und München 2012.

Bendel, Oliver. Informationsethik im Unternehmen. In: Netzwoche, 4 (2012). S. 25 – 26.

Literaturverzeichnis

Bendel, Oliver. Netiquette 2.0 – der Knigge für das Internet. In: Netzwoche, 5 (2010). S. 40 – 41.

Bendel, Oliver. Eine Frage der Moral: Informationsethik für Unternehmen. In: Unternehmer-Zeitung, 16 (2010) 18. S. 42 – 43.

Capurro, Rafael. Ethik im Netz. Schriftenreihe zur Medienethik, Bd. 2. Franz Steiner, Stuttgart 2003.

Ess, Charles. Digital Media Ethics. Digital Media and Society Series. Polity Press, Cambridge 2009.

Fischer, Peter. Einführung in die Ethik. W. Fink/UTB, Paderborn 2003.

Gesellschaft für Informatik (GI). Ethische Leitlinien der GI. Über http://fg-ie.gi.de/ethische-leitlinien.html.

Höffe, Otfried. Ethik: Eine Einführung. C. H. Beck, München 2013.

Höffe, Otfried. Lexikon der Ethik. 7., neubearb. und erweit. Auflage. C. H. Beck, München 2008.

Kreowski, Hans-Jörg (Hrsg.). Informatik und Gesellschaft: Verflechtungen und Perspektiven. Kritische Informatik, Bd. 4. LIT Verlag, Münster und Hamburg, Berlin 2008.

Kuhlen, Rainer. Informationsethik. Umgang mit Wissen und Informationen in elektronischen Räumen. UVK/UTB, Konstanz 2004.

Kurzweil, Ray. Homo sapiens: Leben im 21. Jahrhundert. Was bleibt vom Menschen? 2. Aufl. Kiepenheuer & Witsch, Köln 1999.

Lanier, Jaron. Gadget: Warum die Zukunft uns noch braucht. Suhrkamp, Frankfurt/Main 2012.

Metzinger, Thomas. Der Ego-Tunnel: Eine neue Philosophie des Selbst: Von der Hirnforschung zur Bewusstseinsethik. Berlin Verlag, Berlin 2010.

Pariser, Eli. Filter Bubble: Wie wir im Internet entmündigt werden. Hanser, München 2012.

Pieper, Annemarie. Einführung in die Ethik. 6., überarb. u. akt. Auflage. A. Francke, Tübingen und Basel 2007.

Regenbogen, Arnim; Meyer, Uwe (Hrsg.). Wörterbuch der philosophischen Begriffe. Meiner, Hamburg 2013.

Schöne-Seifert, Bettina. Grundlagen der Medizinethik. Kröner, Stuttgart 2007.

Schweizer Informatik Gesellschaft. Ethikrichtlinien. Über http://www.s-i.ch/ueber-uns/ethikrichtlinien/.

Weber-Wulff, Debora; Class, Christina; Coy, Wolfgang et al. Gewissensbisse – Ethische Probleme der Informatik. Biometrie – Datenschutz – geistiges Eigentum. transkript-Verlag, Bielefeld 2009.

Weizenbaum, Joseph. Die Macht der Computer und die Ohnmacht der Vernunft. Suhrkamp, Frankfurt/Main 1978.

Printed by Printforce, the Netherlands